O coordenador
pedagógico
e os desafios
pós-pandemia

Leitura indicada

1. O coordenador pedagógico e a educação continuada
2. O coordenador pedagógico e a formação docente
3. O coordenador pedagógico e o espaço da mudança
4. O coordenador pedagógico e o cotidiano da escola
5. O coordenador pedagógico e questões da contemporaneidade
6. O coordenador pedagógico e os desafios da educação
7. O coordenador pedagógico e o atendimento à diversidade
8. O coordenador pedagógico: provocações e possibilidades de atuação
9. O coordenador pedagógico e a formação centrada na escola
10. O coordenador pedagógico no espaço escolar: articulador, formador e transformador
11. O coordenador pedagógico e o trabalho colaborativo na escola
12. O coordenador pedagógico e a legitimidade de sua atuação
13. O coordenador pedagógico e seus percursos formativos
14. O coordenador pedagógico e questões emergentes na escola
15. O coordenador pedagógico e as relações solidárias na escola
16. O coordenador pedagógico e os desafios pós-pandemia
17. O coordenador pedagógico e seu desenvolvimento profissional na educação básica

16

O coordenador pedagógico e os desafios pós-pandemia

Vera Maria Nigro de Souza Placco
Laurinda Ramalho de Almeida
ORGANIZADORAS

Ana Lucia Madsen Gomboeff
Antonio Carlos Caruso Ronca
Carlos Luiz Gonçalves
Helga Porto Miranda
Katia Martinho Rabelo
Laurinda Ramalho de Almeida
Laurizete Ferragut Passos
Luciana Matsukuma
Luiza H. S. Christov
Maria de Lara Terna Garcia Mancilha
Maria Gabriela Mills Cammarano
Michael de Oliveira Lemos
Rodnei Pereira
Samy Silva da Rosa
Vera Lucia Trevisan de Souza
Vera Maria Nigro de Souza Placco

Edições Loyola

Dados Internacionais de Catalogação na Publicação (CIP)
(Câmara Brasileira do Livro, SP, Brasil)

O Coordenador pedagógico e os desafios pós-pandemia / Vera Maria Nigro de Souza Placco, Laurinda Ramalho de Almeida, organizadoras. -- São Paulo, SP : Edições Loyola, 2021. -- (Trabalho pedagógico ; 1)

Vários autores.
Bibliografia.
ISBN 978-65-5504-110-1

1. Aprendizagem 2. Coordenadores pedagógicos 3. COVID-19 - Pandemia 4. Educação - Finalidades e objetivos 5. Educação básica 6. Escolas 7. Formação continuada 8. Pandemia - Aspectos sociais 9. Prática pedagógica 10. Professores - Formação I. Placco, Vera Maria Nigro de Souza. II. Almeida, Laurinda Ramalho de. III. Série.

21-78157   CDD-370.71

Índices para catálogo sistemático:
1. Coordenação pedagógica : Educação   370.71
2. Coordenadores pedagógicos : Educação   370.71

Eliete Marques da Silva - Bibliotecária - CRB-8/9380

Conselho editorial:
Emília Freitas de Lima
Idméa Semeghini Próspero Machado de Siqueira
Laurinda Ramalho de Almeida
Magali Aparecida Silvestre
Melania Moroz
Vera Lucia Trevisan de Souza
Vera Maria Nigro de Souza Placco

Capa: Maria Clara R. Oliveira
Ronaldo Hideo Inoue
Diagramação: Viviane Bueno Jeronimo

A revisão do texto desta obra é de total responsabilidade de seus autores.

Edições Loyola Jesuítas
Rua 1822 nº 341 – Ipiranga
04216-000 São Paulo, SP
T 55 11 3385 8500/8501, 2063 4275
editorial@loyola.com.br
vendas@loyola.com.br
www.loyola.com.br

Todos os direitos reservados. Nenhuma parte desta obra pode ser reproduzida ou transmitida por qualquer forma e/ou quaisquer meios (eletrônico ou mecânico, incluindo fotocópia e gravação) ou arquivada em qualquer sistema ou banco de dados sem permissão escrita da Editora.

ISBN 978-65-5504-110-1

© EDIÇÕES LOYOLA, São Paulo, Brasil, 2021

105325

Sumário

Apresentação 7

A ação da coordenação pedagógica em tempos de pandemia:
(re)pensando o plano de ação e a formação 9
Vera Maria Nigro de Souza Placco
Vera Lucia Trevisan de Souza

Retomando a questão do cuidar: aprendizagens do coordenador
pedagógico na pandemia 23
Laurinda Ramalho de Almeida

Coordenação pedagógica: desafios da pandemia 43
Antonio Carlos Caruso Ronca
Carlos Luiz Gonçalves

"O ano em que me senti coordenadora pedagógica":
notas sobre responsabilidade, autonomia e coletividade
no contexto da pandemia de COVID-19 65
Maria de Lara Terna Garcia Mancilha
Maria Gabriela Mills Cammarano
Rodnei Pereira
Sanny Silva da Rosa

A escola e a formação continuada dos CPs e professores
no contexto da pandemia 87
Luciana Matsukuma
Vera Maria Nigro de Souza Placco

Saberes para coordenação pedagógica: quais são e
onde aprender 101
Luiza H. S. Christov

As orientações técnicas aos coordenadores pedagógicos e o
enfrentamento pedagógico da pandemia 115
    Michael de Oliveira Lemos
    Laurinda Ramalho de Almeida

Aprendizagens em tempos de pandemia: a voz do professor
e a escuta do coordenador pedagógico... 133
    Laurizete Ferragut Passos
    Ana Lucia Madsen Gomboeff
    Helga Porto Miranda

O trabalho colaborativo como potencial para a retomada
do contexto educativo durante a pandemia do COVID-19 151
    Katia Martinho Rabelo

Apresentação

Mais um livro do "Coordenador pedagógico"? Sim, do/para/com o CP, agora mais voltado para o "durante/após" pandemia... O que faz a escola, neste contexto? O que fazem os professores e alunos, a gestão (diretor, CP)? As famílias? E o depois, como será?

Contextualizando sempre nesta nossa sociedade, neste momento histórico-político-sanitário, mas, com ênfase no enfrentamento pedagógico, queremos questionar: Como ajudar o CP e a escola a agirem (e não somente reagirem), pelo aluno, com o aluno? Pelo professor, com o professor? Pela gestão, com a gestão?

São essas algumas das nossas muitas inquietações e contamos com nossos colegas e amigos pesquisadores e profissionais das diversas redes de ensino, dos diversos espaços educativos, para colaborarem nessa empreitada, não para darmos respostas, mas para pensarmos juntos. Os CP e outros educadores e profissionais das escolas são também nossos convidados a pensar nos enfrentamentos pedagógicos necessários, nas brechas possíveis de ação, nas alternativas que possamos vislumbrar. Este livro foi planejado com esta finalidade.

Sabemos que não tem sido fácil, nem é fácil essa busca por encaminhamentos, saídas, alternativas. Mas, temos visto tantas atitudes corajosas, tantas propostas criativas, tanto empenho, tanto compromisso, de nossos educadores, de nossas escolas, de nossos alunos, que confiamos que vamos, coletiva e colaborativamente, fazer face a tantos desafios e encontrar caminhos de superação das dificuldades ora vividas.

São Paulo, julho de 2021.

VERA MARIA NIGRO DE SOUZA PLACCO
LAURINDA RAMALHO DE ALMEIDA
(organizadoras)

A ação da coordenação pedagógica em tempos de pandemia: (re)pensando o plano de ação e a formação

Vera Maria Nigro de Souza Placco[1]
(veraplacco7@gmail.com)
Vera Lucia Trevisan de Souza[2]
(vera.trevisan@uol.com.br)

Qual o impacto da pandemia do Coronavírus nas nossas vidas? E do isolamento social que restringiu nossas relações, o tão importante contato com os outros, que nos constituem? E das emoções e sentimentos que passaram a nos afligir, como o medo, a angústia, a incerteza, o desalento, dentre tantos outros? E o impacto do fechamento das escolas, decorrente da necessidade de impedir a proliferação do vírus, que isolou alunos e professores, impedindo importantes relações pedagógicas e interrompendo o ritmo e o fluxo das aprendizagens dos alunos?

---

1. Doutora em Educação: Psicologia da Educação, docente na Pontifícia Universidade Católica de São Paulo, nos Programas de Estudos Pós-graduados em Educação: Psicologia da Educação e Educação: Formação de Professores. Coordena o grupo de pesquisa Contexto Escolar, Processos Identitários, na Formação de Professores e Alunos da Educação Básica (CEPId).
2. Doutora em Educação: Psicologia da Educação, docente do Programa de Pós-graduação em Psicologia, na Pontifícia Universidade Católica de Campinas. Co-coordena o grupo de pesquisa Contexto Escolar, Processos Identitários na Formação de Professores e Alunos da Educação Básica – CEPId. Coordena o grupo de pesquisa Processos de Constituição do Sujeito em Práticas Educativas – PROSPED.

Essas são questões que têm sido feitas por pesquisadores, educadores, profissionais da saúde, pais e todos aqueles que estão vivendo esta crise sem precedentes, que nos lança, com frequência, em um vazio que, paradoxalmente, é repleto de informações por vezes desencontradas, contraditórias, que nos desorientam e atordoam. Por vezes, não sabemos o que pensar, o que dizer a nossos alunos ou colegas e familiares. A certeza que se anuncia é que levaremos ainda muito tempo para construir respostas às questões acima e que não podemos parar enquanto não as encontramos: precisamos seguir, sobretudo nós, profissionais que nos dedicamos a formar pessoas.

Há uma constatação que já se alcançou: depois da área da saúde, impactada pela demanda à qual não estava preparada para atender e por vivenciar tantas mortes em tão pouco tempo, a educação é a área que mais sofreu o impacto da pandemia, justamente pelo seu contrário: de hora para outra, não tinha mais como realizar seu trabalho e sofreu muitos dias – se não meses – de certa estagnação.

E, após 1 ano e meio de fechamento das escolas, com alguns momentos de abertura, mas em modo restrito, atendendo apenas poucos estudantes e com horário reduzido, ou atendendo necessidades prementes, como alimentação e atenção às famílias, já se sabe dos prejuízos causados à aprendizagem dos estudantes, sobretudo nas escolas públicas, em localidades em desvantagem socioeconômica, em que crianças e jovens não dispõem de equipamentos para acompanhar aulas remotas. Prejuízos que se manifestam em forma de abandono e desistência de milhões de crianças e adolescentes da educação escolar.

Pesquisas recentes, realizadas por várias organizações e institutos, dão conta do que esses prejuízos significam: segundo levantamento do Unicef, com base na Pnad, antes da pandemia, 1,3 milhão de crianças e adolescentes em idade escolar estavam fora da escola no Brasil e, com a pandemia, mais de 4 milhões deixaram de estudar. Para alguns pesquisadores, esse fenômeno atinge principalmente as regiões Norte e Nordeste e os grupos em desvantagem socioeconômica. (Revista Fapesp, maio, 2021), mas sabemos que escolas, em todos os estados do país e nas periferias das grandes cidades, também foram dura e cruelmente atingidas.

Esse cenário, brevemente descrito neste momento introdutório do capítulo, nos conduz a problematizar seu impacto no trabalho do coordenador pedagógico, profissional responsável pela liderança do projeto pedagógico da escola, pela formação de professores, e por articular os processos e relações de sua unidade escolar: o que cabe à Coordenadora Pedagógica (CP)[3], que já tem uma grande demanda em seu trabalho, no que concerne ao enfrentamento do impacto da pandemia nos processos escolares? Que impactos podemos observar, em breve análise, na constituição identitária dessa profissional, frente às mudanças no contexto educacional, das escolas e da sociedade?

É sobre estas questões que pretendemos discorrer neste capítulo, com o objetivo de contribuir para a reflexão e planejamento de formas de ação que visem a retomar os objetivos postos pelas redes de ensino e desenvolver um plano de ação que incorpore os atuais desafios do ensino-aprendizagem.

Com este intento, este texto se organiza com uma breve reflexão sobre a constituição identitária da CP e sobre o plano de ação, buscando sua definição e justificativa para se constituir como ferramenta de trabalho da CP. Segue abordando-se as dimensões que precisam ser consideradas em sua elaboração, chamando atenção para o trabalho coletivo e colaborativo. Aborda a formação de professores e o planejamento da formação como central no plano de ação da CP. O texto se encerra retomando-se as dimensões do plano de ação, com vistas à proposição de formas de abordagem da problemática desencadeada pela pandemia nas práticas escolares, destacando a atuação da CP em seu encaminhamento.

De onde partimos

Nos últimos anos, vimos desenvolvendo nossas ações e pesquisas voltadas ao papel da CP, focalizando, sobretudo, seu papel formador

---

3. Neste texto, nos referiremos à CP (coordenadora pedagógica), no feminino, dada a incidência de mais de 94% de mulheres, no Brasil, desempenhando essa função.

na escola e a construção de sua identidade profissional. Defender a formação como sua função prioritária implica colocá-la no centro do processo identitário da CP, ou seja, ver-se como formadora mobilizaria as ações da CP na busca por melhor qualificar as práticas de ensino-aprendizagem na escola em que atua.

É com esse objetivo que, em produções anteriores, problematizamos as dimensões constitutivas da identidade da CP (PLACCO; SOUZA, 2019); o conceito de formação (SOUZA; PLACCO, 2018); e as práticas da CP e suas relações na escola (SOUZA; PLACCO, 2017). Neste movimento, temos empreendido nos últimos cinco anos, em refletir e propor ações/reflexões para e sobre a atuação da CP, e acompanhando os fazeres dessas profissionais e as reflexões/investigações de muitos de nossos colegas sobre o tema, observamos que a Coordenação Pedagógica foi se consolidando como prática profissional, com definições claras de seu escopo de atuação, com a construção de estratégias para a formação e o reconhecimento de sua importância nas redes de ensino e nos espaços escolares. Por outro lado, vimos coordenadores pedagógicos questionarem-se, como profissionais formadores, se identificando com a função e buscando formações, ações e planos de trabalho que consolidassem sua autopercepção como corresponsáveis pela qualidade do ensino e da aprendizagem dos alunos.

Há hoje, por exemplo, o reconhecimento de que a CP se constitui de múltiplas e complexas funções, que exige uma formação específica para os profissionais CPs, que, por sua vez, necessitam e querem construir com o coletivo da escola um plano de ação que lhes permita fazer frente às diversas demandas que lhes são dirigidas cotidianamente na escola.

Como é e está essa nova CP, frente às complexas mudanças ocorridas na escola e na sociedade? Nesse contexto, como elaborar o plano de ação? De onde partir? Quais conteúdos e estratégias deve incorporar? Qual o lugar da formação de professores no plano de ação? Quem deve participar de sua elaboração?

Estas são algumas das questões que anunciam a complexidade do plano de ação e se apresentam como desafio à CP em sua elaboração, e que abordamos nos itens a seguir.

Identidade e formação da CP: e agora?

Provocadas pela temática desta coletânea, nos perguntamos: E agora? Como fica a identidade profissional dos CP (DUBAR, 2005), neste momento da escola e da sociedade, frente à pandemia da COVID-19? Como podemos pensar suas funções? E como propor um plano de ação e ações formativas em relação a esses e essas profissionais?

Entendemos a identidade profissional da CP sempre em contexto, isto é, vinculada à realidade da escola e do sistema de que faz parte, e na tensão presente entre as atribuições e demandas que lhe são feitas pelos seus interlocutores e parceiros e as identificações/não identificações que ele/ela estabelece com essas atribuições.

No entanto,

> esse movimento é acentuado pelas **contradições** presentes no sistema escolar, dado que as atribuições legais e teóricas se confrontam com aquelas provenientes da trajetória da profissão, das trajetórias pessoais e profissionais, uma vez que todos os atores envolvidos na dinâmica das escolas são representantes de concepções e expectativas que carregam uma historicidade, que, necessariamente, também implica **contradições**. (PLACCO, SOUZA e ALMEIDA, 2012, s/n)

E as contradições de hoje obrigam esse profissional a se reinventar, se transformar, o que incide em crises e negociações necessárias, com as circunstâncias, com as pessoas e com as normatizações oficiais que surgem a cada momento. Dessas crises, a CP sai transformada e, esperamos, fortalecida em relação às ações que deve implementar e suscitar entre os demais educadores de seu entorno educacional. A CP, nesse momento, constitui a identidade daquela que lida com a crise, e nesse contexto mutável e incerto, assume e integra suas próprias demandas afetivo-emocionais, as dos professores, dos alunos e seus familiares, enfrentando o medo, a doença, os riscos de contaminação. Encara a frustração com a sensação de impotência que nos oprime a todos, a frustração pelos problemas de aprendizagem do aluno, pela sua não participação nas aulas e atividades da escola. Vive e compreende a revolta dos professores, frente a todo o trabalho empreendido, mesmo quando o aluno não corresponde ou não consegue corresponder. Compreende e acolhe também a revolta e frustração dos professores, que se sentem ignorados, incompreendidos, desprezados, até, pelo sistema e pela sociedade. E também se pergunta: Há ensino, sem aprendizagem, sem resposta, sem participação, sem presença do aluno?

Dessa forma, não são só novas ações que são exigidas da CP. Afetos passam a permear seu trabalho – demandas que se acentuaram fortemente nessa situação de pandemia, trazendo novas facetas à constituição identitária da CP.

Para essa reinvenção identitária, faz-se necessário que o sistema e as organizações de ensino cuidem dela e de sua formação. Que formação seria essa, na pandemia, para que a CP possa lidar com um contexto tão adverso, tão complexo?

Qual formação seria necessária garantir para essa profissional, para que possa fazer frente a essas novas questões?

Conforme já propusemos (PLACCO, SOUZA e ALMEIDA, 2012, s/n), a formação para o coordenador pedagógico deve propiciar que,

> ao lado de estudos teóricos que alicercem suas concepções educacionais e fundamentem suas práticas e as do professor, sejam discutidas e contempladas as especificidades de sua função, como: habilidades relacionais, estratégias de formação e de ensino, construção e gestão de grupo, domínio de fundamentos da educação e áreas correlatas, questões atuais da sociedade e da infância e adolescência (aprendizagem e desenvolvimento).

Estas exigências, a nosso ver, não se modificaram, no contexto da pandemia, mas alguns aspectos ganharam especial relevo: as questões afetivo-emocionais, de adultos, crianças e adolescentes; as questões pungentes das desigualdades sociais, que acentuam as desigualdades educacionais, incidindo principalmente nas escolas públicas; as mudanças sociais e sanitárias, fazendo emergir novas infâncias e adolescências, que exigem novas compreensões e intervenções no desenvolvimento e aprendizagem de nossas crianças e jovens. E, finalmente, as questões tecnológicas que, ao lado de exigirem de todos – adultos e crianças – novas aprendizagens e habilidades, exigem também novas maneiras de pensar, de desenvolver o pensamento e a linguagem e, portanto, trazem novas perspectivas ao ensino e à aprendizagem. A formação da CP – e, consequentemente, os planos de formação de professores que ele possa organizar – sofrem radical impacto, na atualidade.

Nesse processo, vai ser exigido da CP, portanto, uma profunda revisão de seu plano de ação, ao lado de um novo modo de ser e de viver sua profissionalidade, um repensar das relações que devem ser estabelecidas, em seu ambiente de trabalho, assumindo que, em momentos de crise, de dificuldades e de incertezas, como os vividos na pandemia, ter instrumentos de trabalho que possam nortear e objetivar suas ações, conferindo um norte ao seu trabalho e ao dos demais profissionais, pode ser um importante recurso para o enfrentamento das novas demandas postas pelo fechamento das escolas.

O plano de ação como ferramenta de trabalho da CP

Para concretizar seu plano de ação, é fundamental que a CP pense nos pressupostos que devem guiar sua elaboração. Que tipo de gestão se faz necessária na escola, neste momento da sociedade e da educação? Como devem se caracterizar suas principais ações como gestor pedagógico da escola, na articulação, de seus processos, na formação dos professores, de modo a favorecer a transformação das dificuldades dessa escola, decorrentes da pandemia?

Além do mais, para que nível escolar deve se dirigir sua ação, nesse momento, levando em conta as prioridades? Quais as necessidades desse nível? Quem são seus alunos? Seus professores? Quais as demandas formativas desses profissionais, na realidade atual?

Partindo do currículo das redes de ensino, do PPP da escola nos níveis prioritários, que adaptações são necessárias para buscar mitigar os prejuízos causados pelo fechamento das escolas e o ensino remoto? Quais experiências dos professores são possíveis resgatar e transformar, quais modificações no currículo e no PPP? O que emerge como necessário na formação dos professores, e no atendimento de estudantes com necessidades educacionais especiais? Como organizar a formação docente, em reuniões semanais ou quinzenais, além da formação por meio do acompanhamento docente, por meio dos recursos remotos? Para esse acompanhamento e formação, alguns aspectos precisam ser considerados: gestão de sala de aula remota, recursos didático-pedagógicos a serem usados em atividades presenciais e remotas, acompanhamento, avaliação e recuperação da aprendizagem dos alunos, relação professor-aluno e aluno-aluno, em aula remota e presencial, disciplina e organização do aluno. Isso exige, ainda, um cuidado especial, de acompanhamento e formação do professor em relação ao seu planejamento, dentro da proposta curricular do sistema de ensino e do PPP da escola.

Outro aspecto importante a ser observado e considerado no plano de ação é que, em função das transformações decorrentes da pandemia, far-se-á necessária atenção e cuidado com o desenvolvimento afetivo-emocional dos sujeitos – professores, alunos e mesmo suas famílias, além dos próprios gestores. Nesse sentido, é necessário prever ações que se constituam como pausas na rotina (PLACCO, 2012), caracterizadas pelo acolhimento das expressões e sentimentos das pessoas, em atividades de diálogo, no caso dos encontros com professores, mediadas por expressões artísticas por exemplo, que favoreçam essas expressões, de modo a possibilitar um ambiente saudável e propício à reflexão, à crítica e às relações calorosas necessárias, após longo período de isolamento e distanciamento físico, social e afetivo.

Tudo isso vai exigir, da escola, dos gestores e professores da escola, um trabalho coletivo e colaborativo, em que todos se corresponsabilizem pelo andamento da rotina da escola, assim como do desenvolvimento curricular, da aprendizagem dos alunos e, portanto, da consecução das finalidades da escola, propostas no PPP, que envolvem, necessariamente, a formação de alunos críticos e reflexivos, para a construção de uma sociedade socialmente justa – alunos que, na escola, possam desenvolver-se integralmente – cognitiva, afetiva e socialmente, por meio das relações interpessoais e pedagógicas estabelecidas com seus pares e com seus professores, e por meio do acesso ao conhecimento historicamente construído, de maneira que se tornem capazes de contribuir para o avanço desse conhecimento e da sociedade.

Corroborando esta proposição quanto ao trabalho colaborativo de CP e professores e lembrando que, como adultos, CP e professores aprendem de maneira própria e que deve ser considerada pelos formadores, Placco e Souza (2015, p. 25) propõem: "Assim, o que se quer afirmar é que a aprendizagem do adulto professor se dá primordialmente no grupo, no confronto e no aprofundamento de ideias [...]"

A formação de professores, que se caracteriza como trabalho coletivo e colaborativo na e da escola, e entendida como ação prioritária da CP, deve fazer parte do plano de ação e ter lugar central em seu desenvolvimento. É com a preocupação de enfatizar a centralidade da ação da CP na formação que a propomos (PLACCO e SOUZA, 2018), *a partir do olhar e da perspectiva do formador*. Dessa forma, entendemos formação como

> um conjunto de ações integradas, intencionalmente planejadas e desencadeadas pelo formador, voltadas ao(s) grupo(s) pelo(s) qual(is) é responsável, para promover mudanças na ação dos formandos. Essas ações integradas implicam o agir, o intervir e o mediar como ações do formador. As ações desse formador envolvem a proposição de objetivos comuns, por ele mesmo, pelos formandos e pelos sistemas de ensino. São ações que integram indissociavelmente teoria e prática, ampliando-as e aprimorando-as. (p. 14)

No contexto atual, em que novas práticas pedagógicas precisam ser constituídas para responder às demandas dessa nova sociedade que se desenha, essa responsabilidade da CP se torna mais premente e urgente: a CP precisa de um plano de formação que considere as necessidades formativas dos professores, e também as necessidades da escola, da sociedade, dos alunos e de suas famílias. Seu plano de formação precisa atender ao princípio do trabalho coletivo e colaborativo, que considera, por um lado, a participação da equipe gestora (direção, vice direção e CP), e também – e sempre – a participação do coletivo de professores e demais educadores da escola, além de famílias e comunidade do seu entorno.

Considerações finais

Conforme apontamos nas páginas precedentes, temos nos dedicado, nos últimos anos, à reflexão sobre a natureza e especificidade das ações da Coordenação Pedagógica, com o objetivo de contribuir para a construção de sua identidade profissional, dimensão imprescindível à consolidação da profissão, o que favorece seu reconhecimento e a criação de políticas de formação e desenvolvimento voltadas a essas profissionais.

Neste percurso, voltamos nossas observações às práticas desta profissional, nas escolas, e identificamos a formação de professores como fundamental à realização de seus objetivos em relação ao desenvolvimento e aprendizagem dos estudantes – crianças, jovens e adultos – que frequentam a educação básica: é por meio da ação docente que os objetivos educacionais, postos nos currículos e missão das redes de ensino, se configuram como tangíveis e podem ser alcançados.

Também nos dedicamos a propor formas de atuação da CP, que lhe permita se desvencilhar do excesso de atribuições que lhe são imputadas no cotidiano de uma escola, e consiga eleger prioridades e agir, de modo consciente e responsável, para a consecução dos princípios e objetivos colocados nos currículos das redes e no PPP da escola. Elegemos o que denominamos de plano de ação da(o) CP como instrumento viabilizador deste intento.

Entretanto, a crise ocasionada pela pandemia na educação escolarizada abriu uma "cratera" neste caminho, que já não era bem pavimentado; tinha muitos pequenos buracos, que vínhamos buscando cobrir, juntamente com as profissionais que temos podido acessar nessa caminhada. E agora, o que fazer com o que emerge desta cratera? E com o que ainda está lá no fundo, que sequer conseguimos visualizar ou imaginar? Qual o papel da CP?

Retornar à formação de professores como potente na transformação das condições do ensino-aprendizagem e ao plano de ação

como importante ferramenta de atuação da CP é uma opção que fazemos neste momento em que nos dedicamos a oferecer contribuições a esses profissionais com papel fundamental no enfrentamento desta crise, por duas principais razões:
- Diante de uma situação de crise, em que parece que o que fazíamos antes já não faz mais sentido, e que precisamos INVENTAR novas formas de atuar, abandonando o que já sabemos, nossa experiência, o que acreditamos; na verdade, o que precisamos é REINVENTAR nossas práticas e experiências, voltando a elas, analisando-as e extraindo o que oferecem que pode nos auxiliar a enfrentar a atual situação. Ou seja, trata-se, portanto, de não ter medo de olhar DENTRO de nossas ações, enxergar o que não está mais funcionando, e, por mais que estejamos apegados a determinados formatos e encaminhamentos, a planos "bem desenhados, perfeitos", nos afastarmos para poder colocar outros no lugar. E fazer isso juntamente com os outros, atores e autores dessas práticas, é fundamental, pois o trabalho é grande, e, às vezes, a frustração é maior ainda.
- Esperamos, talvez seja melhor dizermos: acreditamos, que esse movimento que estamos fazendo aqui, ou seja, de revisitar os conceitos e proposições que temos colocado e defendido sobre a formação e a atuação da CP, se constitua em inspiração para que vocês, profissionais com quem esperamos estabelecer interlocução por meio destes escritos, retomem seus planos de formação de professores e seus planos de ação, examinem-nos a fundo, avaliem o que "serve" para esta atual situação que estão observando em suas escolas, e refaçam esses seus planejamentos e planos. E sigam nesse movimento de olhar de perto como as pessoas envolvidas diretamente com suas atividades respondem a elas, sem medo de constatar que errou, que precisa refazer. Não é possível perder de vista que a dinamicidade já características dos processos educacionais, agora assume maior relevância em decorrência da crise, pois há muitas URGÊNCIAS a

serem encaradas de frente, como: o abandono, a evasão, a desigualdade educacional, o adoecimento docente, o medo, a insegurança, dentre outras.

Como proposições ao desenvolvimento dessas ações na atualidade, e a título de síntese apenas, sugerimos:
– Examinar a rotina estabelecida no seu plano de ação e ajustá-la de acordo com as novas demandas;
– Fazer um diagnóstico das novas demandas e relacioná-las com as anteriores;
– Fazer um mapeamento das emoções presentes nas relações escolares, nas interações dos diferentes grupos, incorporando as dúvidas, as incertezas;
– Mapear as demandas da Secretaria da Educação, das Diretorias de Ensino, destacando as atuais e relacionando às já existentes antes da pandemia;
– Listar as ações a serem implementadas para atender às demandas, registrando quem deverá ser mobilizado para atuar em parceria nessas ações (membros da equipe gestora, professores, estudantes, outros);
– Estabelecer estratégias de mobilização do coletivo da escola no desenvolvimento do plano de ação;
– Partindo das demandas levantadas, reformular o plano de formação de professores e pesquisar materiais para estudo e experiências a serem apresentadas.

É muito importante que a/o CP compreenda que, diante da atual situação, dimensões que já se anunciavam como importantes de serem trabalhadas na formação de professores e na articulação das relações e processos escolares, agora comparecem como essenciais, ou mesmo urgentes, e não podem ser ignoradas: as emoções, os afetos, de modo geral, e as expressões da subjetividade e vivências dos sujeitos que participam das interações, virtuais ou presenciais.

Entendemos que o trabalho com as emoções, por exemplo, passa a fazer parte do trabalho da CP na forma de acolhimento, apoio, compreensão. A CP deverá colocar-se ao lado do professor, sem fixar-se em necessidades, lugares ou pontos de vista, mas buscando favorecer a expressão das dúvidas, das angústias, dos medos, dos diferentes modos de pensar e favorecer a reflexão no e com o coletivo sobre o que emergiu do encontro, em que se valorizam as diferenças, as subjetividades, sem perder de vista os objetivos comuns.

Também passa a fazer parte da formação desenvolvida pela CP na escola as relações de ensino-aprendizagem em curso, remotas ou presenciais, com a proposição de reflexão sobre a aprendizagem e desenvolvimento dos estudantes e a proposição de práticas e ações que possam mitigar eventuais prejuízos. Trazer exemplos de estratégias de ensino, de meios de acesso aos estudantes, de pesquisas recentes sobre o tema, e de experiências exitosas desenvolvidas no mundo, devem se constituir como conteúdo da formação.

E essas transformações, possíveis pela formação e articulação desenvolvidas pelo trabalho da profissional da Coordenação Pedagógica, não podem perder de vista o compromisso com a melhoria dos processos educativos, tão fundamentais à aprendizagem e desenvolvimento de crianças e jovens. Deste modo, a CP estará dando sua contribuição à superação da crise sem precedentes que se instalou na educação básica, sobretudo na educação pública, que tem ameaçado o futuro de crianças e adolescentes e anunciado um grande aprofundamento da desigualdade educacional e social.

Referências

DUBAR, C. *A socialização: construção das identidades sociais e profissionais.* Andréa S. M. da Silva (trad.). São Paulo: Martins Fontes, 2005.

PLACCO, V. M. N. S. O coordenador pedagógico no confronto com o cotidiano da escola. In: ALMEIDA, L. R. de; PLACCO, Vera M. N. de S. (orgs.). *O coordenador pedagógico e o cotidiano da escola.* São Paulo: Loyola, 2012, pp. 47-60.

PLACCO, V. M. N. S.; SOUZA, V. L. T. *Aprendizagem do adulto professor.* São Paulo: Loyola, 2015.

PLACCO, V. M. N. S.; SOUZA, V. L. T. Problematizando as dimensões constitutivas da identidade do CP: articular, formar, transformar como unidade de ação. In: PLACCO, V. M. N. S. e ALMEIDA, L. R. (orgs.). *O coordenador pedagógico e questões emergentes na escola.* São Paulo: Loyola, 2019, v. 14, pp. 27-36.

PLACCO, V. M. N. S.; SOUZA, V. L. T. O que é formação? convite ao debate e à proposição de uma definição. In: ALMEIDA, L. R. e PLACCO, V. M. N. S. (orgs.). *O coordenador pedagógico e seus percursos formativos*. São Paulo: Loyola, 2018, v. 1, pp. 9-16.

PLACCO, V. M. N. S.; SOUZA, V. L. T.; ALMEIDA, L. R. de. O coordenador pedagógico: aportes à proposição de políticas públicas. São Paulo, *Cadernos de Pesquisa*, dez. 2012, vol. 42, n. 147, 754-771. Disponível em: <http://www.scielo.br/scielo.php?script=sci_arttext&pid=S0100157420120003000006&lng=pt&nrm=iso>. Acesso em: 02 jun. 2021.

SOUZA, V. L. T. de; PLACCO, V. M. N. S. Um, nenhum, cem mil: a identidade do coordenador e as relações de poder na escola. In: PLACCO, V. M. N. S. e ALMEIDA, L. R. (orgs.). *O coordenador pedagógico e a legitimidade de sua atuação*. São Paulo: Loyola, 2017, v. 1, pp. 11-28.

Retomando a questão do cuidar: aprendizagens do coordenador pedagógico na pandemia

Laurinda Ramalho de Almeida[1]
(laurinda@pucsp.br)

1. Introdução

> *Não, não tenho caminho novo*
> *O que tenho de novo*
> *é o jeito de caminhar*
> (Thiago de Mello, A vida verdadeira)

Nesta mesma Coleção sobre coordenação pedagógica, há 15 anos, discuti a questão do cuidar. Naquele momento, eu o fiz instigada pelo número significativo de trabalhos que cuidaram do binômio cuidar-educar na Educação Infantil, e o escasso número de produções que tratavam do cuidar em outros segmentos da Educação Básica.

Centrei minha discussão na perspectiva do professor, esclarecendo que focava com prioridade a relação professor-aluno-conhecimento porque entendo que o professor é a figura central para que a escola dê conta de suas funções e que o processo de ensino-aprendizagem é

---

[1]. Professora do Programa de Estudos Pós-graduados em Educação: Psicologia da Educação e do Mestrado Profissional em Educação: Formação de Formadores, ambos da PUC-SP.

seu instrumento de trabalho. O professor é quem está mais próximo do aluno, é quem pode fazer da aula um momento mágico ou um acontecimento tedioso, do qual se procura fugir. Esclarecia que, por isonomia, a discussão atingia também a relação coordenador-professor-conhecimento (ALMEIDA, 2006/2012a).

Nesses 15 anos, ocorreram muitas mudanças de ordens econômica, política e social. Nenhuma, porém, causou tamanho assombro como a chegada e permanência entre nós da COVID-19. O ano de 2020 será lembrado por esta geração como um ano nunca imaginado.

Esse fenômeno novo, desconhecido até então, mudou drasticamente as condições de existência da população como um todo, o que tem sido sobejamente discutido. Em se tratando da área educacional, lugar no qual atuo, não foi só o professor que, na urgência, teve que se reinventar como gestor de conteúdos e de relações interpessoais, mas todos os profissionais da unidade escolar e de outras instâncias do sistema educacional. Foi o momento em que os gestores tiveram que inventar/sugerir/estimular/ dar sentido para que as propostas emergenciais fossem apropriadas pelos professores e famílias dos alunos.

Mudanças drásticas, da noite para o dia, no contexto da sociedade, reverberaram no funcionamento das escolas. No Brasil, as aulas presenciais foram suspensas ao longo do mês de março de 2020, obrigando crianças e jovens a uma quarentena mal explicada e mal compreendida. Os papeis que a escola passou a desempenhar se avolumaram para se ajustar às mudanças.

Nós, profissionais da educação, já nos acostumáramos a mudanças a cada troca de governo, pois o novo empossado deseja imprimir seu nome em um novo plano (muitos podem ser classificados como contra-planos, por negligenciarem propostas que estão dando certo). Acostumados com essa situação, já tínhamos criado jeitos para enfrentá-la, fazendo intervenções pelas brechas possíveis. Já tínhamos chegado a algumas certezas para dar conta das complexidades que iam surgindo; a principal delas, a necessidade da formação de um ethos coletivo na escola, com a clareza de que conseguir a unanimidade do grupo para atingir um objetivo comum é uma utopia. Sempre teremos um grupo de "nós, os outros" no conjunto do "nós todos", mas é isso que dá o dinamismo ao grupo, que o faz movimentar-se – é parte de sua constituição.

Já estávamos no ponto de pensar a lógica que embasa o trabalho em grupo, e propor estratégias adequadas, tanto como formadores como professores. Porém, ao assombro inicial com a chegada de uma doença traiçoeira e contagiosa, que causou o fechamento das escolas, foram se somando o medo, o desamparo, a raiva, a impotência.

Diante do imponderável, com a exigência do isolamento social, do ensino remoto, do fecha-abre das escolas, começam a surgir na mídia afirmações do tipo: a geração *coronavírus* provavelmente será menos produtiva e mais desigual em relação às anteriores e posteriores.

Será mesmo? Como fazer para evitar que se torne auto-profecia?

A escolha do poema de Thiago de Mello pareceu-me apropriada para o momento que estamos vivendo "Não, não tenho caminho novo".

Se acredito que o caminho é o percurso para se chegar a um ponto, e se, como educadora, esse ponto são condições para que crianças, jovens e adultos construam conhecimentos para desenvolver/aprofundar a compreensão crítica de si, do outro e do mundo, não tenho caminho novo. Meu caminho é o que me leve a atingir o objetivo desejado. Mas "o jeito de caminhar" tem que ser outro.

Nesse ponto de minha reflexão, e com as aprendizagens que fui adquirindo, vivendo/convivendo com um mundo pandêmico, com meus olhos e olhos de outros, percebi que fazia sentido retomar o texto escrito em 2006 sobre o cuidar, até porque o COVID-19 e suas drásticas consequências trouxe a Pedagogia e particularmente a Didática para um lugar de destaque, depois de ficarem um bom tempo relegadas. Trouxe, também, fortemente, a questão do cuidar, não só com medidas sanitárias, mas cuidar das interações humanas.

Sinto-me à vontade, então, para iniciar este capítulo apresentando, no item 2, os tópicos e algumas das ideias que discuti naquele momento, pois elas continuam válidas para mim, em 2021. Servirão de suporte para discutir a questão do cuidar, incidindo o foco no coordenador pedagógico, em tempos de pandemia.

2. O professor e a questão do cuidar

– Cuidar de outra pessoa, no sentido mais significativo, é estar atenta ao seu bem-estar, ajudá-la a crescer e atualizar-se. Envolve um sentir com o outro ou empatia. Quando nos tornarmos professores, entramos em uma relação de cuidar mais especializada e intencional do que a relação eu-outro do contexto familiar.
– Ao aceitarmos que a escola é o espaço para se trabalhar o conhecimento, assumimos que as relações interpessoais, as relações *eu-outro* podem e devem estar comprometidas com o conhecimento e que, portanto, a escola deve ter um olhar especial para o fortalecimento dessas relações.
– O cuidar do professor implica em:
  • cuidado constante com o fazer;
  • cuidado com o conhecimento já construído;
  • cuidado em fazer do conhecimento alicerce para os alunos elaborarem projetos de vida éticos;
  • cuidado consigo mesmo.

2.1. Cuidar do fazer

– O fazer do professor começa com o planejamento de suas aulas, e o primeiro passo é propor objetivos.
  • Cuidado: refletir sobre consequências de propor um objetivo que os alunos não têm condições de atingir: a aprendizagem não ocorrerá, mas ocorrerá o rebaixamento da autoestima do aluno; refletir que o ponto de partida é diferente para cada aluno, porque suas bagagens são diferentes.
– Esse ponto remete para a proposta de conteúdo.
  • Cuidado: refletir sobre a proposição de conteúdos que estejam ancorados em outros saberes que o aluno já possui, e que atendam às necessidades típicas de seu estágio de desenvolvimento.

– Comunicação do conteúdo selecionado, o que implica a entrada no campo das relações interpessoais, considerando que esse cuidar requer do professor algumas habilidades e que estas podem ser desenvolvidas:
  • habilidade de fazer-se próximo do aluno;
  • habilidade de observar, olhar, ouvir;
  • habilidade de responder aos sentimentos;
  • habilidade de encaminhar soluções.

2.2. Cuidar do conhecimento já elaborado

– Cuidado: tornar significativos os conteúdos para o aluno, de forma que se respeite a cultura e o legado do passado, que constituem alicerces para se chegar aos novos conhecimentos, que, por sua vez, constituem trampolim para novas conquistas.

2.3. Cuidar da elaboração de projetos de vida éticos

– Esse cuidar implica ao professor:
  • estar atento ao fato de que o clima da classe é gerado pelas inter-relações professor-alunos e alunos-alunos, e ele, professor, é, também, um modelo para essas relações;
  • expressar receptividade ao outro igual ou diferente, cooperação, generosidade, solidariedade: são valores aprendidos quando vividos, compartilhados na relação eu-outro e fundamentais para a escolha de projetos de vida futuros;
  • lembrar que nós, professores, temos um poder muito grande, porque, como outro significativo, somos agentes éticos;
  • lembrar que, tanto quanto apropriar-se de novos conhecimentos, é importante para o aluno ter condições de descobrir-se pelo olhar do outro, para fazer escolhas adequadas.

2.4. Cuidar de si mesmo

Para cuidar do outro, é preciso cuidar-se. O que pode o professor fazer para cuidar bem de si:
- prestar atenção em si mesmo, garantir mais tempo para maior contato consigo mesmo;
- procurar identificar as situações provocadoras de sentimentos positivos e negativos;
- procurar identificar os sentidos que o seu trabalho tem para si;
- aceitar-se como pessoa concreta que é, sujeita a limitações de condições internas (valores, crenças, expectativas) e de condições externas (pressões dentro e fora da escola);
- procurar identificar o seu jeito de ser, fruto de sua história, experiências, leituras, trocas, crenças e refletir se esse jeito o satisfaz ou se alguma mudança deve ser tentada;
- compartilhar com seus pares certezas e dúvidas;
- ser despojado: não propor objetivos inatingíveis.

Discuti "o professor e a questão do cuidar" porque entendo ser possível fazer da escola um local de proteção, proporcionando relacionamentos confortáveis, fortalecendo vínculos, baseados em atitudes de respeito e aceitação; para tanto, a formação para o cuidar deve fazer parte dos objetivos da escola, em todos os níveis da escolaridade.

3. O coordenador pedagógico (CP) e a questão do cuidar na pandemia

Antes da emergência da situação pandêmica que assombrou o mundo, já os educadores discutiam a necessidade de adaptação do ensino e da escola aos novos tempos que surgiam, oriundos das mudanças nas esferas política, econômica e social. A questão das desigualdades sociais e do desrespeito à diversidade os preocupava, era questionada e debatida.

Os cursos de formação continuada fora da escola, e a formação centrada na escola, como espaço de reflexão, de troca de experiências, apareciam com destaque e estratégias adequadas eram pensadas, planejadas e executadas.

Mas, incentivar reflexões em situação remota e lidar com fatores emocionais decorrentes do contexto pandêmico mostrou-se muito mais complexo e desgastante. A agenda dos desafios para gestores e professores se ampliava dia a dia, e punha em xeque critérios que antes consideravam válidos.

Uma observação se faz necessária. O foco da discussão incide sobre o coordenador pedagógico, mas trago com ele a escola toda, pois entendo que

> [...] o espaço escolar define o lugar das primeiras relações humanas fora do círculo familiar. É neste espaço que a criança é bem ou malsucedida na tentativa de autoafirmação na convivência. (GUSDORF, 1995, p. 15)

A convivência e as aprendizagens se fazem dentro e fora da sala de aula e o autor coloca um ponto que não vale só para crianças – as relações professor-aluno, aluno-aluno, aluno-grupo, aluno-profissionais da escola têm o poder de levar o estudante a sentir-se/julgar-se com ou sem habilidades para conviver com outros. Nas memórias dos adultos se preserva "[...] a aula, o recreio, os colegas; um sorriso, uma palavra de censura ou de conselho, um elogio surge, na intimidade da memória, como profecia do que viria a suceder" (GUSDORF, 1995, p. 15).

O contexto pandêmico forçou a novas formas de atuação do CP. A necessidade de articular, formar e transformar continuou presente em suas preocupações. Se ao professor compete a gestão de conteúdos e de interações em salas de aula remotas, ao CP compete a escolha dos conteúdos formativos para a gestão do pedagógico e das interações no grupo de professores, o que envolve conhecer as demandas do grupo e propor estratégias adequadas.

Se o ambiente da sala de aula estabelecido pelo professor reflete sua concepção de docência, o ambiente estabelecido pelo CP nos encontros formativos reflete as concepções de formação da equipe gestora. Em ambas as situações, as relações humanas, tanto nas salas de aula como nos encontros formativos (os quais priorizo nesta discussão) geram um campo onde circulam emoções e sentimentos. Os diferentes meios nos quais transitaram e transitam os sujeitos, meios concretos, remotos ou imaginários reverberam nesse campo emocional.

Também no meu caso, em minha trajetória, constituindo-me a profissional que sou hoje, minhas aprendizagens foram adquiridas nos vários meios pelos quais transitei e nos quais transito agora on-line. Tive muitos outros significativos nesse percurso, mas optei por falar neste texto de meu quadro de referência teórico, porque minha discussão sobre os tópicos que seguem (e os discutidos no texto anterior) estão embasados em um diálogo no qual convergem meus acertos e desacertos na trajetória e esse quadro teórico. Particularmente, são meus autores-referência Carl Rogers e Henri Wallon. Não porque deem conta de tudo para compreensão de minha prática, mas porque são importantes, dado meu interesse de há muito pela temática da afetividade, das relações interpessoais e da constituição da pessoa, tanto na situação de sala de aula como em processos formativos.

Carl Rogers (1902-1987) deu-me uma importante contribuição ao trazer a discussão da afetividade e das relações interpessoais para a sala de aula, relações essas que, criando um campo relacional livre de pressões, medos e julgamento, facilitam a aprendizagem e o desenvolvimento pessoal. Suas apregoadas condições facilitadoras: autenticidade, empatia, consideração positiva foram e são princípios que considero chaves para abrir portas para a boa convivência com meus alunos e para o acesso deles ao conhecimento.

Henri Wallon (1879-1962) trouxe-me a contribuição teórica para superar a dicotomia razão-emoção, ao postular como base de sua teoria a integração entre os grandes conjuntos funcionais afetividade, ato motor e cognição para a constituição da pessoa. Essa teoria deu-me elementos não só para a compreensão do psiquismo, como ofereceu pistas para entender que a afetividade é um lastro para a aprendizagem. A visão integradora da pessoa faz perceber que qualquer atividade dirigida a um dos conjuntos funcionais, atua nos demais. A produção teórica de Wallon fez-me compreender que as emoções, tão bem estudadas por ele, em suas origens e importância na vida de relações, assumem papel importante na modelagem das atitudes e estão na base das relações interpessoais.

Confesso que senti necessidade de situar meus autores-referência porque, neste momento pandêmico, fala-se muito em empatia, ouvir sensível, acolhimento, aceitação – o que me remete a Rogers, que estudei na década de 1970. Também, este momento inédito traz à tona a valorização das emoções, aceitando-as como importante aspecto a se considerar, o que me remete a Wallon. Ambos os autores, embora com fundamentação epistemológica diferentes, convergem sobre a importância das relações interpessoais. Rogers, na linha dos humanistas norte-americanos, "posicionou-se contra a ideia de que o indivíduo é reprimido por forças inconscientes e que, portanto, há a possibilidade de mudanças das formas de conduta pela consciência da ação" (SMOLKA et al., 2015, p. 224); Wallon, fundamentando-se no materialismo dialético, evidencia a passagem da afetividade impulsiva (emoções) para a afetividade elaborada no plano cognitivo (sentimentos), incorporando os recursos simbólicos socialmente produzidos. Nesse processo, as emoções tornam-se ponto de partida da razão, por intermédio do meio social. "A relação com o outro é ao mesmo tempo recurso, meio, motivo e condição do desenvolvimento e das ações do sujeito individual" (SMOLKA et al., 2015, p. 228).

É a partir de minhas leituras sobre esses autores que passo a refletir sobre o CP e a questão do cuidar.

3.1. Cuidar do fazer

A literatura aponta (textos da coleção *O Coordenador pedagógico*, entre outros) que é a partir de ações articuladas, intencionalmente planejadas, que um projeto de formação se viabiliza. (PLACCO; SOUZA, 2018, p. 14) É a intencionalidade claramente definida que nos leva ao ponto de chegada, que é o objetivo proposto. Lembra Mannheim (1961), na epígrafe de *Diagnóstico de nosso tempo*, citando Montaigne, que "nenhum vento ajuda a quem não sabe para que porto deverá navegar". Vale lembrar também que um bom projeto formativo (bom é aquele que é valioso quanto aos objetivos e exequível quanto ao contexto) legitima o papel do coordenador como pedagógico, ainda que em algumas redes de ensino essa adjetivação não esteja definida em textos legais.

Quais os cenários que se apresentavam antes da pandemia, em se tratando de projetos formativos, assumidos pelo CP como sua atribuição no contexto de trabalho? *Grosso modo*, dois. O primeiro, definido em função das demandas da ordem da política educacional, justificado pelo fato de a escola fazer parte de um sistema de ensino; o segundo, um projeto que leva em conta proposições dessa política, porém contextualizando as demandas dos professores e da escola, para viabilizar seu projeto político pedagógico.

Bruno (1998), no primeiro livro da coleção *O Coordenador pedagógico* (retomado por Pereira, 2021), afirma que

> Podemos pensar em três visões possíveis para o papel do coordenador: uma, como representante dos objetivos e princípios da rede escolar a que pertence (estadual, municipal ou privada); outra, como educador que tem obrigação de favorecer a formação dos professores, colocando-os em contato com diversos autores e experiências para que elaborem suas próprias críticas e visões de escola (ainda que sob as diretrizes da rede em que atuam) e, finalmente, como alguém que tenta fazer valer suas convicções, impondo seu modelo para o projeto pedagógico.

O primeiro cenário ao qual nos referimos está condizente com a primeira visão apontada por Bruno. Pesquisas mostram que participantes de reuniões formativas, planejadas apenas a partir dessa visão, as percebem, sejam Aula de Trabalho Pedagógico Coletivo-ATPC, Jornada especial integral de formação-JEIF, ou reunião coletiva, como informativas, e não formativas.

O segundo cenário que se apresentava antes da pandemia, sem desconsiderar que as escolas fazem parte de uma rede, portanto, responsáveis pelo cumprimento de uma política, mas responsáveis também por atender aos contextos que exigem formação específica, pode se enquadrar nas segunda e terceira visões apontadas por Bruno. No entanto, por ter acompanhado Eliane Bruno por duas décadas, sei que, ao falar de "alguém que tenta valer suas convicções, impondo seu modelo para o projeto pedagógico", a afirmação não pode ser vista como imposição autoritária, mas decorrente de negociações estabelecidas com o coletivo, uma relação dialógica, de pessoa para pessoa. Não poderia ser diferente, pois seus autores-referência para garantir o trabalho formativo colaborativo que sempre desempenhou foram, prioritariamente, Carl Rogers e Paulo Freire (BRUNO, 2016).

Com o advento da pandemia, a partir dos dois cenários delineados, como aconteceram as entradas do CP no campo das relações interpessoais? A posição que venho defendendo é que o cuidar do CP como articulador e formador que leve a transformações implica em estar sempre atento para determinadas habilidades: habilidade de estar próximo do professor; habilidade de observar, olhar, ouvir; habilidade de responder aos sentimentos; habilidade de encaminhar soluções.

Inicio a discussão dessas habilidades, que podem ser desenvolvidas também em contextos formativos, com uma confissão. Ao reler o texto de Eliane Bruno, escrito em 1998, emocionei-me, não só pela falta que ela faz como formadora sensível, experiente, comprometida, mas pela atualidade do encerramento de seu texto, citando Carlos Drummond de Andrade: "Cada instante é diferente, e cada homem é diferente, e somos todos iguais".

Com a chegada da pandemia, ambos os cenários delineados tiveram suas rotinas modificadas; mudou também a forma como a sociedade passou a olhar para a escola. A escola, espaço legítimo para promover a apropriação da experiência culturalmente acumulada, de repente teve seu espaço ampliado, ao mesmo tempo que teve de dividi-lo com as famílias. Com o ensino remoto, as famílias tiveram que entrar fortemente em cena para acompanhar os filhos e, ao fazê-lo, valorizar o trabalho do professor, pois perceberam que ensinar implica em conhecimentos específicos que a família não domina.

Independentemente dos cenários delineados, os professores passaram a ver nos espaços de formação um momento de estar juntos. Penso que foi aí que as habilidades que defendo como fundamentais tanto para docência como para a coordenação, em qualquer situação, e particularmente em tempos de crise, se tornaram visíveis como importantes: habilidade de fazer-se próximo; de observar, ouvir, mesmo que pelas telas, de acolher e responder aos sentimentos para, então, ter habilidade de encaminhar soluções – exequíveis, em função do contexto.

Como entendo que a relação, o encontro humano, é uma resposta afetiva a uma situação, pois as situações que nos afetam podem provocar sensações de agrado ou desagrado, de prazer ou desprazer, optei por apresentar algumas situações vividas por CPs e professores na pandemia e as aprendizagens delas decorrentes.

Vários cenários se desenharam em função da diferença dos contextos.

Os trechos que seguem são fragmentos de Diários de Itinerância, estratégia que tenho utilizado em aulas do Mestrado Profissional em Educação: Formação de Professores (Formep) da PUC-SP. Sucintamente, a estratégia tem como principal característica a lembrança de acontecimentos importantes que marcaram o itinerário percorrido na existência do autor do diário e a interlocução dos sentimentos e pensamentos que decorrem da lembrança, com texto escolhido pelo formador, para atender aos objetivos do processo formativo. A estratégia prevê três momentos: *diário rascunho* (elaborado ao sabor das imagens e pensamentos que surgem ao ler o texto); *diário elaborado* (após a discussão do texto indicado para ser lido no grupo, incorporando no diário individual as ideias que circularam na discussão); *diário socializado* (apresentado ao grupo, o que pode promover novas discussões). (ALMEIDA, 2012b)

O pressuposto para o emprego dessa estratégia é que, para o acesso ao conteúdo da formação (domínio cognitivo), atua fortemente o componente afetivo. Por outro lado, para o formando sentir-se confortável e seguro para socializar acontecimentos que podem lhe ser íntimos, que indiquem fragilidades, acertos e desacertos, é preciso que o grupo seja um ambiente relacional de confiança, livre de pressões e julgamentos.

No primeiro semestre de 2021, no contexto do ensino remoto, empreguei a estratégia *Diários de Itinerância* no Formep. *O coordenador pedagógico e a questão do cuidar* constava da ementa.

Alguns dos participantes elaboraram seus diários descrevendo sobre como a pandemia os afetou. Escolhi fragmentos de alguns deles para discussão, cujos nomes foram trocados, para preservar o sigilo. Antes, porém, apresento o fragmento de Paula sobre o que lhe significou escrever os diários:

> *[...] as demandas ainda surgem em excesso em muitos momentos, mas minha relação com os acontecimentos do cotidiano e com o conhecimento é diferente. E a partir da proposta do diário de itinerância tenho uma consciência mais clara de como vou construindo sentidos. Olhar para as teorias que guiam a minha prática é olhar para como dou sentido a elas em relação à realidade. Nessa perspectiva, é como afirma Boaventura, todo conhecimento é autoconhecimento.*

Então, a primeira aprendizagem que apresento é a da formadora que sou, em tempos de pandemia: vale a pena cuidar de propor estratégias que facilitem a integração cognição-afetividade para que sentidos sejam construídos. Vale a pena cuidar de criar uma ambiência na escola em que autenticidade, coerência, respeito, transparência, empatia sejam princípios que sustentem a ação de formadores. Evidentemente, há muitas outras estratégias, além da que descrevi (algumas apresentadas nesta coletânea); refiro-me aos *diários de itinerância* porque é uma estratégia que tem oferecido um retorno significativo no tocante a aprendizagens e satisfação dos alunos por se perceberem autores.

O diário de Marcelo se refere explicitamente ao texto lido sobre o cuidar e de como percebe o não cuidado das questões afetivas e relacionais nos cursos de formação.

> *Fazer a leitura do texto* O coordenador pedagógico e a questão do cuidar *(ALMEIDA, 2012a) me transportou para um outro lugar dentro da teoria walloniana no que diz respeito à afetividade. O texto nos coloca em uma perspectiva prática onde a afetividade ganha luz através do cuidar. Este, visto como elemento afetivo imprescindível para o fortalecimento das relações interpessoais no espaço escolar (...) A leitura*

> do texto me fez questionar, será que eu me sentia cuidado pela escola? Sim e não. O fato é que esse cuidado sempre esteve muito relacionado às características pessoais de cada professor e sua concepção de mundo e de escola. Parece-me que os professores, em sua formação inicial, não têm espaço para desenvolver as habilidades afetivas necessárias para o provimento de suas funções. Creio eu, especialmente após a leitura do texto, que lhes tem sido destinado muito espaço para sua formação técnica e quase nenhum para sua formação humana.

O trecho que segue, de Ivan, revela o quão importante é fazer parte de um grupo no qual se apresentem o respeito, a aceitação e a empatia, o que não aconteceu no grupo do qual participava como professor.

> Confesso que, em dezembro de 2019, quando li pela primeira vez sobre o novo Coronavírus e suas características peculiares, tive um sentimento ou uma sensação estranha; de alguma forma pressenti que isso chegaria até nós, mas de fato, não dava para se imaginar que seria em tais proporções (...) no início dessa situação não tínhamos claro o tamanho do desafio que teríamos pela frente para fazer a escola continuar funcionando, isso nos trouxe a necessidade de ressignificar a prática pedagógica de maneira nunca antes experimentada. Todos nós professores sentimo-nos sem chão, pressionados pelas famílias e desorientados pedagogicamente. Havíamos nos preparado tanto, mas as necessidades pontuais do momento nos deixaram paralisados. Os tão criticados meios digitais eram agora a solução para se manter a escola ativa. [...]
> Hoje, mais de um ano depois, percebo que este era o momento para nos unirmos como colegiado de professores e comunidade escolar, mas foi exatamente o contrário que aconteceu (...) deflagrou-se em nossa escola um período de fragilidades, disputas e relações de poder desmedidas e insalubres.

Wallon (1986, p. 176), ao discutir meios e grupos, lembra que

> é da natureza do grupo que estas duas tendências, individualismo ou espírito coletivo se defrontem, quer entre os membros do grupo, quer em cada um deles. Mesmo que ambas as tendências possam comprometer a existência do grupo, são elas, entretanto, que lhes fornecem vida.

Mas, acrescenta, que: "todavia, não é necessário que haja conflito na escola, entre professores e alunos, assim como, mais tarde, entre adolescentes e adultos. E se os grupos são formações particulares, eles não são necessariamente hostis a tudo o que é distinto deles" (p. 176).

O fragmento do diário de Tânia refere-se a sua atuação como CP, revelando seu cuidado em acolher os sentimentos dos professores, que reverberaram em apoio recíproco e no encontro de soluções para os problemas apresentados.

> *Almeida (2012a, p. 46) afirma: "um bom manejo da classe parte de um princípio: é preciso ter uma atitude de atenção para captar o que se passa na classe. O aluno precisa sentir a proximidade do professor". Da mesma forma ocorre com o CP. Assim procurei estar bem próxima das professoras, ouvir seus medos, anseios, fragilidades e numa postura dialógica fui levantando com elas possibilidades para garantir o trabalho, apesar de toda a falta de suporte e estrutura devido ao cenário novo. (...) nesse movimento, os profissionais da unidade foram se apoiando, se escutando, e se abriram a outras possibilidades de trabalho com as famílias e crianças. [...]*

Paula aponta agora para um questionamento sobre a falta de cuidado dos gestores educacionais. Acrescenta, também, às habilidades necessárias para a condução de um processo formativo, uma outra igualmente importante:

> *Hoje, longe de ter encontrado soluções, sou instigada a buscar compreender melhor de que formas as ações de cuidado podem estar presentes nas diferentes relações de poder. Seria*

possível pensar em uma rede de cuidado a partir das instâncias superiores de ensino? Estratégias pensadas a partir do cuidar poderiam tornar as relações menos autoritárias? Gostaria de acrescentar mais uma habilidade às ações do fazer apontadas por Almeida (2012a). Ao lado de observar, olhar, ouvir e se fazer próximo, é preciso adicionar a habilidade de fazer perguntas. Pois assim, quem sabe seja possível encontrar outros caminhos para desnaturalizar as relações de poder autoritário e fomentar o cuidar para problematizar a partir das reais necessidades dos sujeitos que habitam a escola.

Para desenvolver a habilidade de fazer boas perguntas, vale lembrar uma afirmação de Wallon (1975, p. 16):

Observar é evidentemente registrar o que pode ser verificado. Mas registrar e verificar é ainda analisar, é ordenar o real em fórmulas, é fazer-lhe perguntas. É a observação que permite levantar problemas, mas são os problemas levantados que tornam possível a observação.

Neste momento atípico que estamos vivendo, observar o real para fazer as perguntas certas é fundamental. Mesmo que as respostas demorem para chegar.

3.2. Cuidar do conhecimento já elaborado

As habilidades já defendidas: habilidades de fazer-se próximo; habilidade de observar, ouvir, olhar; habilidade de responder aos sentimentos; habilidade de encaminhar soluções têm também presença na discussão deste tópico.

Muito se tem e está sendo discutido sobre conhecimento em função da pandemia. Currículo mínimo, base comum, currículo emergencial? O que se planejar, se a desigualdade está escancarada, sendo os pobres os mais atingidos?

Os educadores deram outro sentido a termos muito presentes nos discursos educacionais: ressignificar, reorganizar, reaprender. As palavras saíram do discurso e foram para a prática.

Concordo com os CPs com quem converso e defendo, com energia, a importância do conhecimento como instrumento para fortalecer as camadas populares. Mas, neste tempo atípico no qual a escola está submersa, defendo também que a empatia esteja presente para que cada escola, dentro do seu contexto peculiar, reorganize suas ações. Empatia para colocar-se no lugar das crianças e famílias que estão passando por diferentes dores e dificuldades para compreendê-las e propor atividades que facilitem o acesso ao conhecimento. Atividades que levem em conta os interesses das diferentes faixas etárias e dos diferentes segmentos de ensino. Atividades que apresentem diferentes linguagens da arte, da literatura em prosa e poesia, da música. Que sensibilizem, para aguçar os sentidos e ajudar o aprender.

Ao pensar sobre o conhecimento já elaborado, e o compromisso nosso de educadores, para que ele seja a arma que desejamos oferecer aos alunos, lembrei-me de um conto lido nos idos de 1970, *Profissão* (ASIMOV, 1973).

Trago um saboroso fragmento do conto, que se passa quando os planetas extrassolares já eram habitados e havia fitas de instrução para o preparo do exercício das diferentes profissões. É um diálogo entre George, um terráqueo, e uma importante autoridade do planeta Novoa. Argumenta George:

> As fitas são ruins. Ensinam demais; não exigem qualquer esforço. Um homem que aprende dessa forma não sabe como aprender de outra maneira. Mantém-se estacionário na condição que lhe é fornecida. Mas se uma pessoa não recebesse esse tipo de instrução e assim fosse forçada a aprender por conta própria desde o início... Bem, nesse caso, a pessoa adquiriria o hábito de aprender e continuaria aprendendo. Não lhe parece razoável? Uma vez o hábito bem desenvolvido, poderia receber algum conhecimento gravado, talvez apenas para complementar ou fixar detalhes. Então poderia continuar com progressos próprios. (ASIMOV, 1959, p. 74)

George se tornou um dos planejadores para inovar o sistema educacional da Terra.

Que o aluno adquira o hábito de aprender não parece um bom objetivo para o CP trabalhar com os professores, agora e quando os alunos voltarem ao ensino presencial, para avançarem no conhecimento?

3.3. Cuidar da elaboração de projetos de vida éticos

Esse cuidar implica, do ponto de vista do CP, criar um campo formativo que apresente cooperação, generosidade, solidariedade para que os professores, por isonomia, compartilhem estes princípios com os alunos; reforçar sempre com os professores que eles são agentes éticos como modelos de atitudes para os alunos.

3.4. Cuidar de si mesmo

Para cuidar bem do professor, o CP precisa cuidar-se: garantir tempo para maior contato consigo mesmo; identificar situações provocadoras de sentimentos positivos e negativos e procurar mecanismos para atenuar os negativos; aceitar-se como pessoa sujeita a limitações decorrentes de condições internas e externas; ter um grupo de referência; não propor objetivos inatingíveis.

4. Para finalizar

Quando cheguei ao final da escritura deste capítulo, dei-me conta de meu desgosto com a afirmação a qual me referi no início: a geração *coronavírus* provavelmente será menos produtiva e mais desigual em relação às anteriores e posteriores. Eu sou geração *coronavírus*! Crianças, jovens, adultos, velhos são representantes deste período pandêmico. Não gostei de ser considerada improdutiva, não gostei de meus colegas educadores serem considerados improdutivos. Eles já mostraram, na travessia da pandemia (que ainda não acabou), quanto produzem, quanto são solidários, trabalhando à exaustão. E sabem que fazem a diferença na vida dos alunos, das famílias, da sociedade e continuarão mais produtivos quando a tempestade sanitária passar, porque aprenderam novas formas de conviver com a incerteza, driblar dificuldades e fazer perguntas ao real. Com respeito, com empatia, conseguindo caminhar na linha tênue entre o cuidado a ser oferecido como dever ético e o cuidado dispensado ao mais vulnerável fazendo-o sentir-se sem valor. As crianças e os jovens perderam, sim. Perderam em conhecimentos, mas talvez a maior perda tenha sido em convivência. As crianças não tiveram outras crianças para brincar e para aprender com o diferente; os jovens passando pela puberdade perderam a oportunidade de compartilhar com seus pares seus medos e apreensões quanto às suas mudanças, tanto no crescimento físico como em mudanças emocionais; perderam a referência do outro para se conhecer. Muitos, independentemente da classe social, perderam o gosto pela escola; professores e gestores têm que ampliar sua criatividade, para fazê-los voltar à escola, ter gosto por ela e ter prazer no conhecimento. Mas, precisam de ajuda de políticas públicas que valorizem, que cuidem dos profissionais da educação e lhes deem melhores condições de trabalho, bem como formação adequada.

Se a convivência não tem como ser recuperada, o conhecimento pode sê-lo, sim, com currículos e estratégias bem planejadas por todo o coletivo da escola. Com um "jeito novo de caminhar".

Referências

ALMEIDA, L. R. O coordenador pedagógico e a questão do cuidar. In: ALMEIDA, L. R.; PLACCO, V. M. N. S. (orgs.). *O coordenador pedagógico e questões da contemporaneidade*. São Paulo: Loyola, [6]2006; 2012a.

ALMEIDA, L. R. Diário de itinerância, recurso para formação e avaliação de estudantes universitários. *Estudos em avaliação educacional*. São Paulo: F. C. C., v. 23, n. 51, pp. 250-269, jan./abr. 2012b.

ASIMOV, I. Profissão. In: ASIMOV, I. *Nove amanhãs*. Rio de Janeiro: Editora Expressão e Cultura, 1973.

BRUNO, E. B. G. O trabalho coletivo como espaço de formação. In: ALMEIDA, L. R. de; CHISTOV, L. H. S. (orgs.). *O coordenador pedagógico e a educação continuada*. São Paulo: Loyola, 1998.

BRUNO, E. B. G. Fundamentos para um trabalho colaborativo: Carl Rogers e Paulo Freire. In: ALMEIDA, L. R.; PLACCO, V. M. N. S. (orgs.). *O coordenador pedagógico e o trabalho colaborativo na escola*. São Paulo: Loyola, 2016.

GUSDORF, G. *Professores para quê? Para uma pedagogia da pedagogia*. São Paulo: Martins Fontes, 1995.

MANNHEIM, K. *Diagnóstico de nosso tempo*. Rio de Janeiro: Zahar, 1961.

MELLO, T. A vida verdadeira. In: *Faz escuro, mas eu canto: porque a manhã vai chegar*. Rio de Janeiro: Bertrand Brasil, 2000.

PEREIRA, R. Revisitando a coleção Coordenador Pedagógico vinte anos depois: temas e tendências In: ALMEIDA, L. R. e PLACCO, V. M. N. S. (orgs.). *O coordenador pedagógico e relações solidárias na escola*. São Paulo: Loyola, 2021.

PLACCO, V. M. N. S. e SOUZA, V. L. T. O que é formação? Convite ao debate e à proposição de uma definição. In: ALMEIDA L. R. e PLACCO, V. M. N. S. (orgs.). *O coordenador pedagógico e seus percursos formativos*. São Paulo: Loyola, 2018.

ROGERS, C. *Sobre o poder pessoal*. São Paulo: Martins Fontes, 1978.

SMOLKA, A. L. B et al. O problema da avaliação das habilidades socioemocionais como política pública: explicitando controvérsias e argumentos. *Educação e Sociedade*. v. 36, n. 130, pp. 219-242, jan./mar. 2015.

WALLON, H. *A evolução psicológica da criança*. São Paulo: Martins Fontes, 2007.

WALLON, H. *Psicologia e educação na infância*. Lisboa: Editorial Estampa, 1975.

WALLON, H. Os meios, os grupos e a psicogênese da criança. In: WEREBE, M. J.; NADEL-BRULFERT, J. (orgs.). *Henri Wallon*. São Paulo: Ática, 1986.

Coordenação pedagógica: desafios da pandemia

Antonio Carlos Caruso Ronca[1]
(accronca@gmail.com)
Carlos Luiz Gonçalves[2]
(carlosluizgoncalves2@gmail.com)

O pior da crise pode mesmo ser o pós-crise.
(António Nóvoa)

Introdução

Desde o final de 2019, o mundo vive uma pandemia que atinge de forma diferente os países e suas regiões. No Brasil, são múltiplos os problemas causados ou aumentados pela disseminação do vírus.

Pressões, discussões e conflitos sobre a origem e o tratamento da doença, disponibilidade exígua de exames e vacinas, polarização invadindo as questões médicas e de saneamento compõem um cenário complexo.

---

1. Doutor pelo Programa de Estudos Pós-graduados em Educação: Psicologia da Educação da Pontifícia Universidade Católica de São Paulo. Ex-Reitor da PUC-SP e ex-Presidente do Conselho Nacional de Educação.
2. Doutor pelo Programa de Estudos Pós-graduados em Educação: Psicologia da Educação da Pontifícia Universidade Católica de São Paulo. Pedagogo e Gestor escolar.

A sociedade brasileira é profundamente marcada por desigualdades de raça, gênero e regiões, dentre outras. Essa questão, grave por si mesma, está sendo escancarada e ampliada pela pandemia. Kulnig nos ajuda a clarear o que entendemos por desigualdades:

> [...] categoria analítica das relações sociais que expressa diferenças hierárquicas e moralmente injustas, construídas histórica e culturalmente, sobre a distribuição e o acesso a bens e serviços materiais ou simbólicos em uma dada sociedade, expressando a dominação de um determinado grupo em relação a outro(s).
>
> Se, enquanto categoria de análise, a desigualdade social pode ser pensada no singular, por possibilitar explicar uma determinada zona do real, aprendendo o seu movimento, as suas contradições e historicidade, enquanto manifestação é necessário compreendê-la/estudá-la no plural, justificando falarmos em desigualdades, atentos a suas especificidades, suas tendências, suas articulações e interdependências. (KULNIG, 2019, pp. 42-43)

Relevante a reflexão sobre tratar essa questão no plural. Em especial, em um país marcado por diferentes e concomitantes causas e consequências das desigualdades nos múltiplos espaços geográficos, econômicos, políticos, culturais.

O mundo econômico foi atingido em cheio, já desde os primeiros dias do isolamento físico. O chamado *home office* é solução para parcela da população ativa. E, assim mesmo, com ônus fortes para todos os membros de suas famílias.

Para a maioria dos trabalhadores, desemprego ou subemprego foi a alternativa imposta pelo desarranjo massivo da economia. E, como decorrência, a perda ou a queda acentuada de renda para fazer frente às necessidades básicas.

Como esse trágico quadro acontecia ao mesmo tempo em todos os continentes e países do globo, a sensação de catástrofe se impôs. Em virtude da incapacidade ou negligência de muitos governantes em alguns países, as alternativas de solução a curto e médio prazo foram sendo inviabilizadas, como demonstram as estatísticas de pessoas contaminadas e de mortes, reveladoras de crescimento avassalador.

A pandemia na educação

Em dezembro de 2019, começaram a surgir as primeiras notícias de um surto de vírus novo na China. Muitos lamentaram pelos chineses afetados; entretanto, parecia algo distante, com baixa probabilidade de nos atingir. A maioria dos educadores tinha elaborado planos de ensino e de trabalho para o ano seguinte.

Em março de 2020, as atividades escolares presenciais foram proibidas de um dia para outro; professores, gestores, funcionários passaram a trabalhar em suas casas; alunos e famílias assistindo aulas de forma remota.

António Nóvoa nos lembra:

> Logo no início da crise, a UNESCO lançou um movimento #learningneverstops (a aprendizagem nunca para) para marcar a necessidade de manter os vínculos com os alunos. Num momento dramático da nossa história coletiva, seria inaceitável que a escola pública fechasse as portas e não quisesse saber dos seus alunos. Isso obrigou a um recurso extensivo às tecnologias. De um modo geral, ninguém estava preparado para esta situação e a avaliação que, hoje, já podemos fazer revela aspectos negativos, como as desigualdades e o empobrecimento pedagógico, mas também positivos, como a ligação com as famílias e a inventividade de muitos professores. (NÓVOA, 2020, p. 8)

Uma novidade para muitos educadores e estudantes – computadores, *tablets*, celulares intermediando suas relações. Para quem já estava habituado ao uso, a obrigação de novas habilidades: professores aprendendo a criar aulas remotas, sem tempo para qualquer preparação; alunos mudando hábitos de estudo arraigados nos anos de escolarização e saudosos dos encontros de colegas nas entradas e saídas diárias e nos recreios.

Quem não possuía os aparelhos ou tinha acesso precário ou mesmo nulo à internet, um desafio ainda mais pesado. Professores e alunos recorrendo ao uso de equipamentos de amigos, vizinhos, colegas, ficando sujeitos a todos os percalços dessa situação inusitada.

As desigualdades se apresentam de forma dramática, em virtude de inúmeros fatores. Um primeiro: a existência da escola pública e da escola privada, frequentadas por classes sociais distintas que respondem de forma específica ao isolamento físico e ao ensino remoto.

Apesar da pandemia atingir a todos, ela o faz de forma diferente quando se trata de crianças ou adolescentes, seja de escolas públicas das periferias das cidades ou de escolas particulares acessadas pelas camadas privilegiadas da população.

E, mais uma vez, contata-se a ausência da dimensão de URGÊNCIA: os graves problemas da educação básica no Brasil não têm sido objeto de políticas públicas para enfrentá-los. Problemas como reprovação, abandono da escola, distorções série-idade permanecem há tempos. A pandemia os agrava.

Na letra da Constituição, a educação é um direito de todos e dever do Estado e da família. Entretanto, o cenário atual inclui, por parte do governo federal, um processo de desconstrução das políticas e das conquistas no campo educacional. A pandemia acirrou a disputa por uma definição clara da função social da escola.

Um conjunto de perguntas (por vezes assustadoras) ocupa nossas mentes, afetando sentimentos, provocando desalento, cansaço, perda de rumo, desconhecimento do futuro próximo; as respostas ou não existem ou são tantas que acabam perdendo o papel de solucionar as demandas. Em tempos difíceis, a incerteza passa a dominar o horizonte e, mais do que nunca, devemos aprender a viver num contexto de inseguranças.

Os noticiários desde o início da pandemia demonstram à saciedade a predominância de políticas públicas pouco efetivas diante de desafios em rápido crescimento. As exceções – poucas – servem tão somente para ressaltar falhas e decisões equivocadas.

No campo da saúde pública, as medidas implementadas e as providências não efetivadas concorreram para aumentar a ocupação de leitos hospitalares de enfermaria e de UTI e de mortes em todo o país.

Em junho de 2021, vivemos a tragédia de 18 milhões de pessoas infectadas e 500.000 óbitos, segundo o levantamento divulgado por um consórcio de veículos de comunicação; o Ministério da Saúde não consegue executar a primordial tarefa de coordenação nacional da situação da pandemia no país.

A aquisição de testes e de vacinas atende a uma porcentagem mínima das necessidades. A vacinação, iniciada apenas em janeiro de 2021, continua sendo implementada de forma lenta, muito aquém das necessidades do momento.

Nas escolas públicas de educação básica, duas providências caracterizaram a maior parte das políticas colocadas em prática: fechamento dos prédios escolares e introdução das atividades remotas para ensino e aprendizagem. Em alguns municípios, a distribuição de cestas básicas ou cartão-alimentação atenuaram em parte a falta da merenda – para boa parte dos estudantes, a única refeição diária.

Ao longo de 2020 e 2021, decisões de fechamento e abertura dos prédios escolares se alternaram, com menor número de alunos quando as atividades presenciais eram permitidas. Em várias cidades, medidas contraditórias foram implantadas em curto espaço de tempo.

A consequência mais comum: famílias divididas quanto a permitir a presença de seus filhos nas atividades presenciais, gestores confusos sobre o que era permitido ou não, professores atarantados com a concomitância de aulas presenciais e a distância.

Nas escolas públicas, dirigentes e docentes abnegados tentaram suprir essas deficiências, entregando material impresso na casa de alunos ou disponibilizando equipamentos de informática por sua conta. Os poucos estudantes beneficiados puderam reduzir os prejuízos; a maioria, no entanto, se viu excluída das atividades escolares, com graves consequências para o seu futuro.

As consequências para alunos, educadores e escolas

Como assinalamos acima, a maior evidência foi a ampliação e aprofundamento das desigualdades existentes no sistema educacional brasileiro.

Pesquisa feita pelo governo de São Paulo com mais de 20 mil alunos da rede estadual apontou que o desempenho em Língua

Portuguesa e Matemática dos estudantes no 5º e 9º ano do Ensino Fundamental e no 3º do Ensino Médio despencou com a pandemia. O quadro seguinte, com os escores alcançados em 2019 e 2020, mostra o tamanho dessas perdas:

	Língua Portuguesa		Matemática	
	2019	2020	2019	2020
5º ano	223	194	242	196
9º ano	262	250	262	248
3º ano EM	279	268	272	255

Fonte: Secretaria de Educação do Estado de São Paulo.

Saviani e Galvão afirmam: "Portanto, com o 'ensino' remoto, nossos problemas não acabaram; apenas se enraizaram ainda mais." (SAVIANI e GALVÃO, 2021, p. 39).

Depoimentos de professores de escolas públicas da Grande São Paulo dão conta de que a maioria das crianças não consegue acessar as plataformas escolhidas pelas autoridades dos Estados ou Municípios, pois muitas famílias não têm acesso à internet ou o único celular da família é levado pelos pais para o trabalho.

Casos noticiados nos veículos de imprensa ajudam a detalhar as causas das quedas em aprendizagens.

> Lorenzo Marques, 10 anos, não consegue se concentrar nas aulas remotas. Muda de tela no celular, faz um exercício e já esquece, fica impaciente. Até o vocabulário mudou, depois de tanto tempo vendo vídeos na internet, segundo a mãe. Ele passou do 4º para o 5º ano durante a pandemia. Ao final de 2021, vai terminar o primeiro ciclo do ensino fundamental na Escola Estadual (...) e avançar para aulas com matérias mais complexas, que exigem maior capacidade de interpretação e pensamento abstrato.

> Já Maritelma de Oliveira, de 31 anos, mãe de Cauã da Silva, de 10 anos, teme pelo futuro do filho, que está no 5º ano da Escola Municipal (...) de Francisco Morato. "Eles pararam no terceiro ano. Se tivesse que voltar novamente, teria que voltar de lá, nem que ficasse mais dois anos estudando na escola, porque isso vai afetar o futuro deles lá na frente", relata[3].
>
> Francielma Silva já estava desempregada quando as escolas foram fechadas em março de 2020 para conter a disseminação do coronavírus. Sem uma renda para comprar smartphone ou computador, seus filhos Fabíola, de 13 anos, e Fernando, 11, não conseguiram acompanhar as atividades escolares até o início deste ano[4].

Os estudantes, cujas famílias têm condições de oferecer a continuidade dos estudos por meio dos instrumentos digitais, também enfrentam dificuldades.

> Marcelo acabou de fazer 18 (...). Foi seu segundo aniversário na pandemia. Começou a fazer terapia em novembro quando sentiu que já não tinha mais vontade de nada. "Via que meus amigos estavam muito ansiosos para a escola voltar, mas eu não sentia falta."[5]

Os noticiários indicam que situações similares são comuns em todo o país. A Fundação Carlos Chagas desenvolveu a pesquisa: Educação escolar em tempos de pandemia na visão de professoras/es da Educação Básica[6].

---

3. Fonte: <https://g1.globo.com/educacao/noticia/2021/05/02/leitura-regrediu-escrita-tambem-maes-e-alunos-falam-do-retrocesso-na-aprendizagem-identificado-em-pequisa.ghtml?utm_source=push&utm_medium=app&utm_campaign=pushg1>. Acesso em: 04/05/2021.

4. Fonte: <https://educacao.uol.com.br/noticias/2021/04/28/desigualdades-da-educacao-durante-a-pandemia.htm>. Acesso em: 29/04/2021.

5. Fonte: <https://www.uol.com.br/vivabem/noticias/agencia-estado/2021/04/25/com-medo-de-voltar-a-escola-adolescentes-enfrentam-sindrome-da-gaiola.htm>. Acesso em: 26/04/2021.

6. Fonte: <https://www.fcc.org.br/fcc/educacao-pesquisa/educacao-escolar-em-tempos-de-pandemia-informe-n-1>. Acesso em: 17/06/2021.

Abrangendo todas as unidades da federação, 41.285 docentes responderam questionário eletrônico disponibilizado entre 30 de abril e 10 de maio de 2020; predomínio de mulheres (80,5%), brancas (64,6%), atuando no ensino fundamental (57,3%), de escolas estaduais (50,6%).

Assustadora a primeira informação:

> No Brasil, 81,9% dos alunos da Educação Básica deixaram de frequentar as instituições de ensino. São cerca de 39 milhões de pessoas. No mundo, esse total soma 64,5% dos estudantes, o que, em números absolutos, representa mais de 1,2 bilhão de pessoas, segundo dados da UNESCO.

As preocupações permanecem no decorrer da leitura de outros resultados: "49,3% das professoras acreditam que somente parte dos alunos consegue realizar as atividades remotas. A expectativa em relação à aprendizagem diminuiu praticamente à metade".

Ao mesmo tempo, a maioria dos respondentes (53,8%) considera que situações de depressão/ansiedade aumentaram entre os alunos, em função da suspensão das aulas presenciais.

Em relação às atividades profissionais, a pesquisa revela altos índices de aumento, com destaque para "escrever/responder *e-mail*/ *WhatsApp*/SMS (91,4%), planejar/preparar aulas com novos recursos/ferramentas (80,1%) e ministrar aulas com novos recursos/ ferramentas (79,8%)."

Em decorrência, o aumento na jornada de trabalho se apresenta como um indicador severo; responderam sim à essa questão: 32,8% dos professores de escolas municipais, 50,6% de estabelecimentos estaduais e 15,3% de particulares.

O questionário tinha um espaço aberto para colher as respostas para a seguinte pergunta: "Na sua opinião, o momento pelo qual estamos passando vai levar a uma valorização ou a uma desvalorização do trabalho docente? Justifique."

A Fundação Carlos Chagas indica, na apresentação dos resultados:

(...) o processamento evidenciou que a percepção sobre a valorização ou desvalorização do trabalho docente perpassa formas de pensar compartilhadas, associadas tanto a aspectos afetivos ("vínculo", "contato", "convívio", "paciência"), cognitivos ("estudo", "ensinar", "aprendizagem", "educação", "educação a distância"), sociais ("instituições públicas", "governo", "política", "escola", "casa"), como pragmáticos ("dia a dia", "dificuldades", "carga horária", "rotina", "salário").

Por outro lado, foi possível depreender eixos de respostas. Um, ancorado na esperança, associado a expectativas de valorização, sobretudo por parte das famílias; outro, mais pessimista, fundado no descrédito na mudança; e, por fim, um que evidencia a insegurança e a incerteza do contexto atual, composto por textos pouco precisos sobre a (des)valorização do trabalho docente. O estudo realizado reforça com isso um dos grandes desafios educacionais na atualidade: incluir a escuta e o diálogo sobre os limites, as necessidades, as inquietações e os desafios vivenciados pelas/os professoras/es em um contexto tão adverso como o de pandemia. (FUNDAÇÃO, 2020, Informe 3)

A coordenação pedagógica tem saídas?

No meio disso tudo, as Coordenações Pedagógicas das escolas de educação básica. Envolvidas diretamente na principal função da escola – o processo de ensino e de aprendizagem – enfrentam desafios diários.

Alguns já conhecidos, requerendo, entretanto, novos encaminhamentos; outros, desconhecidos e exigindo comportamentos ainda não vivenciados; demandas novas em relação a atividades presenciais, ao lado das remotas recém incorporadas às rotinas escolares, trabalho em casa, reuniões em janelinhas de computador... para mencionar as mais comentadas no noticiário e nas redes sociais.

Pensamos que há uma questão central: como a Coordenação Pedagógica pode contribuir para enfrentar os desafios da pandemia, de forma a preservar o direito de <u>todos os alunos</u> a uma educação básica com qualidade?

Para os profissionais encarregados da Coordenação Pedagógica, seja nas instituições públicas, seja nas particulares, as demandas são cotidianas; alcançar as metas e objetivos traçados para esses dois anos está sendo dificultado, quando não impedido.

Esse cenário de tantas incertezas e desafios exige de todos nós, educadores, especial atenção na busca de saídas. Mas, existem saídas? Acreditamos que sim.

Um coordenador pedagógico nos contou que, certa vez, assistiu uma aula de um professor; no encontro de análise, comentou:

— Sua aula foi muito boa!

Resposta do docente:

— Isso, eu já sabia. O que eu preciso é saber POR QUE minha aula foi muito boa. É isso que me ajudará a continuar melhorando.

Adiante vamos expor nossas indicações com a diretriz decorrente dessa fala: contribuições da Coordenação Pedagógica para a sua própria formação e a dos professores.

Porém, antes, pedimos sua atenção para algumas preliminares importantes.

A nosso ver, quem está no exercício de Coordenação Pedagógica em escolas de educação básica, públicas ou privadas, trabalha na chamada "linha de frente" desse esforço coletivo para continuar viabilizando processos de ensino e de aprendizagem tão eficientes quanto possível.

Considerando que estamos inseridos num mundo cada vez mais complexo, com inúmeros problemas que estão correlacionados, um desafio que se apresenta desde logo às Coordenações Pedagógicas é o de buscar compreender os temas fundamentais – as grandes questões – presentes em nossa sociedade e que estruturam e organizam as mais diversas relações sociais. Esse desafio parte da constatação de que nossa prática educacional não é neutra, mas implica em consequências diversas para o horizonte de sociedade que estamos a construir.

Dessa forma, as desigualdades se constituem como uma chaga ética que cada vez mais exclui milhares de seres humanos. E, ainda nesse contexto, como podemos explicar o aparecimento de determinados comportamentos, que pensávamos estar alijados de vez da nossa civilização? Como podemos resistir à implantação de necropolíticas, em que se busca matar e eliminar o maior número de pessoas?

Outro tema fundamental diz respeito ao racismo que estrutura as relações sociais e infelizmente ainda muito presente no quotidiano dos brasileiros. Nessa dimensão, cabe às Coordenações Pedagógicas, junto com a equipe gestora e o conjunto de professores, encontrar estratégias que possam educar nossas crianças e jovens no desenvolvimento de práticas antirracistas. E, além disso, é preciso ressaltar que o comportamento racista não será extinto se não forem implantadas políticas públicas estruturantes voltadas especificamente para esse fim.

Desde o início da pandemia, as questões ligadas ao uso da tecnologia escancararam portas que já estavam abertas. Como vamos refletir mais adiante, a necessidade do isolamento físico e a decisão do ensino remoto, nas escolas da educação básica, e mesmo nas escolas superiores, mostraram com nitidez a presença das desigualdades na estrutura educacional de nosso país e a necessidade urgente de se implantarem políticas públicas que possam enfrentar essa crucial questão. A inclusão digital de todas os nossos alunos deve se constituir em prioridade inadiável!

Vivemos em uma sociedade digital que tem como uma de suas marcas um conjunto cada vez maior de informações em rede e com a presença atuante, em larga escala, da inteligência artificial.

Ao lado disso, a utilização de técnicas apelidadas de "big data", que produzem um tratamento de enorme quantidade de dados numa velocidade cada vez maior, tornam possível o controle da nossa subjetividade. Esse processo não ocorre de uma forma clara, à luz do dia, e em geral não nos damos conta do que acontece.

O domínio dos dados por parte de determinadas empresas não se reduz apenas a uma questão mercadológica de aumento de vendas, mas o atingimento do mais profundo das nossas subjetividades, que é o controle de nossos desejos. Ou seja, como provocar no cliente o desejo de consumir, antes que ele mesmo se aperceba disso?

Em muitos países, o que se observa é que, ao lado de equipamentos visíveis como computadores e celulares e dependendo da organização das sociedades, há equipamentos invisíveis, dissimulados ou até mesmo intencionalmente escondidos que também pretendem determinar nossos pensamentos, sentimentos e ações enquanto cidadãos, consumidores, eleitores, estudantes, etc.

O conceito de "internet das coisas" nos lembra que há objetos mandando mensagens para outros objetos com frequência crescente e diferentes redes se estabelecendo entre computadores, objetos e sensores.

E, dessa forma, passa a existir a manipulação das subjetividades e a expropriação da intimidade. Uma consequência possível é a domesticação e a indução das nossas vontades.

Uma série de questões emergem da síntese acima; dizem respeito aos mais diversos campos da organização política das nossas sociedades que se tornam cada vez mais complexas.

A construção de uma inteligência artificial solidária é possível? Visto que o autocontrole por parte das próprias empresas tem se mostrado necessário, mas insuficiente, como podemos nos organizar para que haja uma legislação para controlar a atuação das empresas, de forma a preservar uma sociedade democrática de fato?

E no plano individual, como fica a importante questão do desenvolvimento do pensamento crítico? Trata-se de uma saída que sozinha não resolve a totalidade da questão, mas é fundamental para o enfrentamento coletivo dessa problemática e onde a escola e a Coordenação Pedagógica podem oferecer grandes contribuições. O desenvolvimento da capacidade de análise da contemporaneidade, nos alunos, é um elemento imprescindível para o estabelecimento da consciência crítica.

Que mecanismos de formação da subjetividade podem ser utilizados para a ampliação da consciência de si mesmo e do mundo que nos rodeia?

Todas essas perguntas estão profundamente articuladas com educação, que é uma dimensão estruturante do desenvolvimento de um país.

A grave crise sanitária que atravessamos escancarou uma porta aberta: as desigualdades presentes no Brasil. As crianças que frequentam a escola pública foram profundamente atingidas pela pandemia. Em 2020, um contingente expressivo delas não conseguia nem ao menos manter contato com a sua escola ou professora, porque não dispunham de um mínimo de equipamentos tecnológicos que permitissem o acesso. Estavam impossibilitadas de um contato remoto.

Que políticas públicas estruturantes, relacionadas com o uso da tecnologia na educação, devem ser implantadas para que todos os estudantes possam ter acesso ao conhecimento acumulado ao longo da história e ao mesmo tempo se tornem cidadãos conscientes dos desafios que a presente sociedade nos oferece?

E finalmente, qual o papel da educação diante desse ataque à subjetividade que estamos sofrendo por parte desse mundo cada vez mais digital?

Deve-se ressaltar que, diante desse cenário, as indicações apresentadas a seguir não esgotam as possibilidades de atuação da Coordenação Pedagógica e dos demais educadores das escolas. São sugestões que, em nosso entendimento, podem significar pontos de partida que necessitam ser objeto de reflexão por parte desses profissionais.

Vamos reconhecer os limites numa situação de crise planetária como a que estamos vivendo. Podemos, certamente, contribuir para amenizar a situação de alunos, famílias, professores e funcionários; mas não conseguiremos resolver todas as dificuldades, pois há muitas variáveis que não estão sob nosso controle.

Especial atenção merece o fato de que, por mais acertos que tenhamos nas unidades escolares, há um conjunto estratégico de medidas cuja decisão e implantação está sob o comando dos dirigentes de órgãos governamentais. De tal sorte importantes que, sem elas, corremos o risco de alcançar pouco sucesso na missão de atingir as metas de aprendizagem.

Estamos nos referindo, por exemplo, à necessidade de prover, nas escolas públicas, alguma forma de substituição da merenda; de equipar escolas com recursos e ferramentas condizentes com atividades remotas; de garantir acesso à internet para todos; de programas de formação de professores, coordenadores e diretores em relação às demandas decorrentes das mudanças. Obviamente, não podemos esquecer as ações relativas à segurança sanitária.

A lista é longa, mas pensamos que a ideia central está definida: sem essas e outras providências das autoridades, o exaustivo esforço das Coordenações Pedagógicas poderá alcançar resultados menos expressivos.

Acreditamos não haver fórmulas únicas para todas as escolas, como tem sido praticado pela maior parte dos gestores públicos pelo país. A organização da presença de professores e alunos, observando-se as orientações das autoridades de saúde, cabe a cada unidade escolar ou, no máximo, a órgãos locais em cada comunidade.

A diversidade do nosso país nos parece ser impedimento para efetividade de medidas tomadas por autoridades atuantes nas esferas centrais dos governos; Ministério e Conselho Nacional da Educação, Secretarias e Conselhos Estaduais se encarregariam de formular diretrizes gerais, norteadoras das deliberações de órgãos locais e seus dirigentes.

Expostas essas preliminares, vamos às indicações; elas estão voltadas para dois aspectos: Trabalho coletivo e Estruturação de atividades presenciais e remotas.

a. Trabalho coletivo

Enfrentar uma situação como a que estamos vivendo há dois anos é tarefa impossível, se a Coordenação Pedagógica pretender realizá-la sozinha. O trabalho coletivo é o caminho a ser construído de forma a poder contar com as contribuições de todas as pessoas envolvidas nesse enfrentamento.

Sem esquecer que os prognósticos de parcela significativa de especialistas em saúde estão indicando a permanência da pandemia por um período ainda indefinido, mas com probabilidade de ainda perdurar mais do que desejaríamos.

Mais do que nas situações anteriores, incentivar e garantir a participação dos demais educadores da escola, dos alunos, de suas famílias e da comunidade próxima têm demonstrado ser a atitude que melhor possibilita a operacionalização das soluções diante de tantas variáveis, por vezes conflitantes.

Preservar a saúde física e mental de todos e, ao mesmo tempo, viabilizar a criação e o uso de instrumentos tecnológicos voltados para o ensino e aprendizagem e, ainda, dar suporte às famílias exigem negociações diante de diferentes interesses entre todos esses atores sociais.

Precisamos incluir as ações de acolhimento de alunos, professores, funcionários, gestores, famílias, todos atingidos pelo distanciamento físico. As variadas estratégias desse atendimento poderão ter a eficácia aumentada na medida em que todos sejam estimulados a contribuir na busca de soluções para os problemas.

Parece-nos relevante, aqui, precisar as características do trabalho coletivo do qual estamos falando.

Berenguel nos ajuda nessa tarefa, ao elucidar o sentido da **colaboração** como marca nuclear do trabalho coletivo:

> Em um trabalho colaborativo (...) as relações tendem a não ser hierárquicas, e os atores se apoiam visando a atingir objetivos comuns negociados coletivamente, decididos a partir da consciência de corresponsabilidade perante o trabalho. (BERENGUEL, 2021, p. 44)

A autora, desejando ressaltar a diferença entre colaboração e cooperação, cita Fiorentini: "(...) no trabalho cooperativo, apesar da realização de ações conjuntas e de comum acordo, parte do grupo não tem autonomia e poder de decisão sobre ela". (FIORENTINI, 2004, p. 50, apud BERENGUEL, 2021, p. 44).

Estamos falando de **trabalho coletivo colaborativo**, no qual todos os atores contribuem para a tomada de decisões e implementação das ações; uma empreitada bem difícil diante dos conflitos inevitáveis entre interesses opostos.

Um exemplo de oposição entre pontos de vista: pais pressionam para retomada das atividades presenciais, de forma que possam trabalhar e garantir o sustento da família; professores e funcionários recusam voltar aos prédios escolares se não houver vacinação de todos; autoridades encarregadas de garantir a vacinação em massa implementam políticas contrárias à aquisição e distribuição de vacinas.

À Coordenação Pedagógica e aos demais gestores de cada escola sobra a alternativa de construir alguns consensos entre todos os envolvidos, tendo como objetivos inegociáveis: a) a melhor solução possível para promover e qualificar o processo de aprendizagem dos alunos; b) dar sustentação e orientação para o trabalho dos profissionais de educação; c) acolher e atender, na medida do possível, as demandas das famílias e d) preservar a saúde de alunos, professores, gestores e funcionários.

Conseguir formular pontos comuns entre todas as necessidades e interesses de alunos, educadores e famílias constitui a meta necessária, segundo acreditamos. E, para isso, é preciso vencer as dificuldades específicas do isolamento físico e outras medidas de saúde, tanto quanto superar a conhecida resistência cultural de parte da população a atitudes colaborativas.

Mais uma vez, a autora nos ajuda ao indicar as características do trabalho colaborativo:

> (...) a voluntariedade é inerente à colaboração, pois é revelada pela espontaneidade do sujeito em participar da ação conjunta, e não por uma eventual coação. A disposição espontânea em colaborar, fruto de quem tem consciência de seu inacabamento, é característica inerente às relações colaborativas, pois se reconhece que sozinho é difícil alcançar o benefício da mudança.
> (...) na configuração da colaboração somam-se à voluntariedade, a liderança compartilhada ou a corresponsabilidade, o apoio, o respeito mútuo, o diálogo, a negociação e a confiança mútua, entre outros aspectos (...) afiançam um sentimento de comunhão consciente e solidário de esforços, típicos de culturas colaborativas. (BERENGUEL, 2021, p. 45)

Sabemos que não se trata de uma proposta de fácil execução; entretanto, a realidade do que estamos vivendo hoje parece exigir saídas comprometidas de fato com a preservação do bem comum, ainda que complexas e custosas.

Assumir o caminho aqui proposto requer persistência e tolerância; e a convicção de que nossos alunos merecem esse esforço; afinal, a formação básica é vital para o futuro deles, do país e do planeta.

b. Estruturação de atividades presenciais e remotas

Uma expressão muito em voga atualmente inicia nossas reflexões: ensino remoto. Qual seu significado? Que fundamentos sustentam essa proposta de atividade escolar? Atende, efetivamente, os requisitos mínimos de escolarização básica para crianças, adolescentes e adultos?

O alerta de Nóvoa nos ajuda a visualizar a relação entre atividades presenciais e cultura digital:

> No que diz respeito às tecnologias, é evidente que elas fazem parte da cultura digital das sociedades contemporâneas e que seria absurdo que ficassem fora da escola e não fossem utilizadas do ponto de vista pedagógico. Seria impensável. São instrumentos essenciais para as aprendizagens, nas mãos de professores e alunos. Outra coisa bem diferente é imaginar que tudo se passará *on-line*, à distância, com os gigantes do digital, os GAFAM (*Google*, *Amazon*, *Facebook*, *Apple*, *Microsoft*) a tomarem conta da educação, apoiados por grupos privados e fundações que, através de apostilas digitais, controlariam o ensino e as aprendizagens. (NÓVOA, 2020, p. 9)

Um importante embrião para a construção de alternativas de ensino e aprendizagem, orientando a atuação da Coordenação Pedagógica: uma educação escolar envolvida, de fato, com a formação para a cidadania.

Sabemos o quanto é importante a aprendizagem dos conhecimentos científicos, literários, filosóficos e artísticos para a formação de cidadãos pensantes e compromissados com o que a sociedade considera bem comum.

A seleção de prioridades e a escolha de metodologias apropriadas à situação atual ajudam a encontrar saídas. A Base Nacional Comum Curricular pode ser um dos pontos de partida para essas definições; Ministério da Educação, Conselhos e Secretarias podem indicar diretrizes abrangendo as áreas curriculares e oferecer assistência e apoio para os gestores das unidades escolares coordenarem as reflexões e escolhas da equipe escolar, com a participação de alunos e famílias.

Reconhecemos, de um lado, que há educadores pouco preparados para utilizar recursos digitais remotos (as experiências mais comuns são de uso em atividades presenciais... quando existem!); de outro lado, as dificuldades das instituições em realizar os investimentos necessários para adquirir ferramentas digitais (tanto nas escolas públicas como particulares, com as conhecidas diferenças de nuances).

Em consequência, temos constatado em muitas escolas um aumento ponderável de entraves para a Coordenação Pedagógica. Como, por exemplo, impossibilidade ou dificuldade de conectividade, queda ou perda de renda familiar, dificuldades para produção e apresentação de aula *on-line* por parte de professores, escolas sem recursos para implementar esse tipo de atividade, dentre inúmeros outros.

Schneider, em artigo publicado no jornal Folha de São Paulo, alerta:

> Não se deve deixar de lado o uso de tecnologias educacionais e as políticas de ampliação da conectividade dos alunos, mas elas continuarão tendo baixa efetividade se deixarmos de lado a formação de professores, a organização das escolas para que todos aprendam e a articulação de uma rede de proteção social que tenha como eixo as escolas e os alunos[7].

Os entraves descritos nas últimas linhas são pesos que a Coordenação Pedagógica, por si, não consegue atenuar; resta aos profissionais reconhecer a existência deles, sem tratá-los como justificativa para eventual imobilidade.

---

7. Fonte: <https://www1.folha.uol.com.br/colunas/alexandre-schneider/2021/05/o-ensino-remoto-fracassou-e-agora.shtml?utm_source=mail&utm_medium=social&utm_campaign=compmail>. Acesso em: 07/05/2021>.

No entanto, há ações possíveis para contribuir com a melhora dos processos de ensino e aprendizagem.

Saviani e Galvão sugerem:

> Havendo disponibilização de acesso e equipamentos, poderiam ser criados espaços de encontros virtuais nas escolas, redes, objetivando promover debates sobre as crises em curso e o papel da educação (...), além de outras atividades culturais, cursos livres, seminários etc., que mantenham os vínculos com a comunidade escolar.
>
> (...) fazer uma seleção de livros que seriam indicados para leitura digital nas casas em que isso estivesse disponível e distribuídos na forma impressa nos demais casos. Os professores pediriam que, após a leitura, os alunos fizessem breves redações sobre os conteúdos dos livros lidos. Assim, os alunos não deixariam de estudar, permaneceriam ativos e, quando retomadas as atividades presenciais, os alunos estariam mais enriquecidos com todo o conjunto cultural e pedagógico que teria sido viabilizado a eles. (SAVIANI e GALVÃO, 2021, p. 44)

Evidente que essas e outras soluções carecem de um estudo aprofundado por parte dos participantes de cada escola, para avaliar eficiência e eficácia em relação ao propósito fundamental: reforçar os vínculos entre a instituição e seus alunos, famílias e colaboradores.

Nessa direção, António Nóvoa oferece algumas sugestões para a ação da Coordenação Pedagógica:

> É importante criar novos ambientes escolares. O espaço escolar tradicional da "sala de aula" induz um determinado tipo de ação de professores e alunos, e torna inevitável uma didática centrada num professor dando aulas aos seus alunos. Outros ambientes, como o de uma biblioteca ou de um laboratório, pelo contrário, induzem o estudo, o trabalho em equipe, a pesquisa, a resolução de problemas, a comunicação, tudo aquilo que faz a educação do futuro. Já não se trata apenas de dar "aulas" ou "lições", mas antes de preparar, orientar e apoiar o trabalho dos alunos. (NÓVOA, 2020, p. 10)

Sobre as muitas possibilidades de recursos tecnológicos, Schneider, no artigo mencionado, recomenda:

> Organizar a escola para produzir e monitorar um plano específico de aprendizagem para cada estudante, de acordo com suas especificidades e necessidades é uma tarefa fundamental em um momento em que as desigualdades preexistentes certamente foram ampliadas. Não é razoável que pela segunda vez se chegue ao fim de um ano letivo e se descubra que <u>milhões de alunos brasileiros sequer entregaram uma atividade proposta ou não se logaram uma única vez nas plataformas ou aplicativos disponibilizados pelas secretarias de educação.</u> Sabemos que não há soluções milagrosas para solucionar essas questões; e, muito menos, soluções únicas para todas as instituições de educação básica.

Acerca das dificuldades relativas ao uso de recursos de informática educacional, convidamos os leitores a refletir sobre os cenários que passamos a expor:

A Coordenação Pedagógica e os demais gestores das escolas públicas, unidos e comprometidos com a qualidade da educação para <u>todos os alunos</u>, conquistam o apoio dos dirigentes de órgãos regionais para contarem com a assessoria especializada de profissionais de informática educacional, por conta do orçamento desses órgãos.

Esses profissionais auxiliam os educadores de cada escola na escolha dos melhores e mais adequados recursos (dentre as inúmeras possibilidades existentes), para suprir as efetivas necessidades de alunos e famílias atendidos pela unidade escolar.

Por sua vez, os dirigentes de secretarias municipais ou estaduais colaboram, orientam e oferecem os suportes necessários para a atuação dos órgãos regionais.

Em relação às escolas particulares, as que possuem recursos para contratar profissionais de informática educacional efetivam essa medida e disponibilizam sua atuação junto a professores, alunos e famílias, para encontrar as soluções adequadas a cada situação.

Para as demais instituições privadas, parece-nos que resta a alternativa de se associarem para suportar os custos de idêntica solução – profissionais de informática educacional contratados para atender diversas escolas.

Para isso, os gestores dessas escolas teriam que superar as conhecidas resistências a se associarem a instituições concorrentes no mercado educacional; em nossa visão, o objetivo de assegurar educação básica de qualidade para <u>todos os alunos</u> pode suplantar essa dificuldade. Sem esquecer que há medidas jurídicas destinadas a proteger os interesses de cada instituição, quando decidem atuar em parceria.

Como anteriormente enfatizado, assinalamos aqui também: a formação de <u>todos os alunos</u> tem sido a motivação nuclear da atuação da maioria dos educadores envolvidos em Coordenação Pedagógica; na situação em que estamos envolvidos, continuar tendo esse papel nos parece essencial.

Para isso, destacamos a importância de criar/sustentar, em cada escola, redes colaborativas de produção de conhecimentos, inclusão de alunos e educadores na cultura digital e ampliar/fortalecer o respeito às diversidades de qualquer natureza.

Ao encerrar nossas reflexões, vamos voltar à epígrafe do início. Animou-nos o desejo de contribuir com as Coordenações Pedagógicas para que o pós-pandemia não seja pior do que estamos enfrentando durante a crise. Em benefício dos alunos de Educação Básica.

Referências

BERENGUEL, L. C. *O Plano de Ação como instrumento de reflexão sobre as intenções formativas na gestão escola*. 273 f. Dissertação (Mestrado Profissional). Programa de Estudos Pós-Graduados em Educação: Formação de Formadores. Pontifícia Universidade Católica de São Paulo, São Paulo, 2021.

COM MEDO DE VOLTAR À ESCOLA, ADOLESCENTES ENFRENTAM SÍNDROME DA GAIOLA. www.uol.com.br, 2021. Disponível em: <https://www.uol.com.br/vivabem/noticias/agencia-estado/2021/04/25>. Acesso em: 26 abr. 2021.

DESIGUALDADES DA EDUCAÇÃO DURANTE A PANDEMIA. www.uol.com.br, 2021. Disponível em: <https://educacao.uol.com.br/noticias/2021/04/28>. Acesso em: 29 abr. 2021.

EDUCAÇÃO ESCOLAR EM TEMPOS DE PANDEMIA. www.fcc.otg.br, 2020. Disponível em: <https://www.fcc.org.br/fcc/educacao-pesquisa/educacao-escolar-em-tempos-de-pandemia>. Acesso em: 17 jun. 2021.

FIORENTINI, D. Pesquisar práticas colaborativas ou pesquisar colaborativamente? In: BORBA, M. de C.; ARAÚJO, J. de L. (orgs.). *Pesquisa qualitativa em educação matemática*. Belo Horizonte: Autêntica, 2004.

KULNIG, R. de C. M. *A dimensão subjetiva da desigualdade social no processo de escolarização das elites: um estudo sobre práticas escolares no ensino médio*. 236 f. Tese (Doutorado em Educação) – Programa de Estudos Pós-Graduados em Educação: Psicologia da Educação. Pontifícia Universidade Católica de São Paulo, São Paulo, 2019.

LEITURA REGREDIU, ESCRITA TAMBÉM. MÃES E ALUNOS FALAM DO RETROCESSO NA APRENDIZAGEM IDENTIFICADO EM PESQUISA. www.g1.globo.com, 2021. Disponível em: <https://g1.globo.com/educação/notícia/2021/05/02>. Acesso em: 04 maio 2021.

NÓVOA, A. A pandemia de Covid-19 e o futuro da Educação. In: *Revista Com Censo*, v. 7, n. 3, agosto de 2020, Brasília, DF.

SAVIANI, D. e GALVÃO, A. C. Educação na pandemia: a falácia do "ensino remoto". *Revista Universidade e Sociedade*, ano XXXI, n. 67, pp. 36-49. ANDES – Sindicato Nacional dos Docentes de Instituições de Ensino Superior, janeiro de 2021. Brasília, DF.

SCHNEIDER, A. *O ensino remoto fracassou. E agora?* www1.folha.uol.com.br, 2021. Disponível em: <https://www1.folha.uol.com.br/colunas/alexandre-schneider/2021/05>. Acesso em: 07 maio 2021.

"O ano em que me senti coordenadora pedagógica": notas sobre responsabilidade, autonomia e coletividade no contexto da pandemia de COVID-19

Maria de Lara Terna Garcia Mancilha[1]
(lara_mancilha@yahoo.com.br)

Maria Gabriela Mills Cammarano[2]
(mariagabrielamills@gmail.com)

Rodnei Pereira[3]
(rodneipereira@uol.com.br)

Sanny Silva da Rosa[4]
(professorasanny@gmail.com)

Cuando lo que prima y tiende a imponerse es una visión estrecha, minimalista e inmediatista de la

---

1. Doutoranda em Educação: Currículo, na PUC-SP, Mestra em Educação na USCS, pedagoga, assistente pedagógica na Rede Municipal de Ensino de Santo André.
2. Mestranda em Educação, no Programa de Pós-graduação em Educação (PPGE) da USCS, pedagoga, professora da Rede Municipal de Ensino de Santo André.
3. Doutor em Educação: Psicologia da Educação, pela PUC-SP. Professor Permanente do Programa de Pós-graduação em Educação (PPGE) da Universidade Municipal de São Caetano do Sul (USCS).
4. Doutora em Educação: Currículo, pela PUC-SP. Professora Permanente do Programa de Pós-graduação em Educação (PPGE) da Universidade Municipal de São Caetano do Sul (USCS).

> *formación docente – capacitación, entrenamiento manual, cursillo, taller, métodos, técnicas, recetarios, fórmulas –, alguien tiene que resucitar el imperativo de una formación integral, rigurosa y exigente de los educadores; ir al rescate de su inteligencia, su creatividad y su experiencia como materia prima de su propio proceso educativo; recuperar la unidad entre teoría y práctica como espacio para la reflexión y el perfeccionamiento pedagógicos; volver a los temas fundantes, aquellos sin cuya comprensión y revisión caen en terreno estéril los mejores textos, los métodos y técnicas más modernos de enseñanza.*
>
> (Prólogo de Rosa María Torres, em Cartas a quien pretende enseñar – Paulo Freire, 2005, p. 17)

As palavras de Rosa María Torres foram escolhidas para iniciar o diálogo com coordenadoras e coordenadores pedagógicos, parceiros no desafio de concretizar a ação formadora no contexto das escolas, pois evocam a dimensão ética, política, bem como a importância dos laços coletivos na formação integral de toda a comunidade escolar.

A pandemia de COVID-19 deixou ainda mais evidente que não há saída para os grandes problemas da humanidade – dentre eles o de educar as novas gerações –, que não passe pelo senso de comunidade, de cuidado com o mundo e de compromisso com os outros. Com base nesses princípios, neste capítulo, trazemos a narrativa de uma coordenadora pedagógica e de uma professora, ambas da rede municipal de Santo André, com o objetivo de suscitar reflexões sobre as possibilidades abertas, durante a pandemia em curso, de uma atuação da equipe escolar efetivamente comprometida com a educação integral e, portanto, voltada aos "temas fundantes" da formação pedagógica.

Anunciamos, assim, nossa compreensão do trabalho do CP como componente de um grupo que não se restringe à equipe gestora escolar, mas abrange o corpo docente, o corpo discente, os funcionários e as famílias; e que, além disso, precisa se reconhecer como parte do coletivo de um sistema educativo que se organiza em torno de princípios e objetivos comuns.

Vale lembrar que o município de Santo André, pertencente à macrorregião do ABCDMRR, tem uma tradição democrática[5], arduamente construída – coletivamente – a partir do término da ditadura civil-militar, cuja memória é constituinte da subjetividade de grande parte dos profissionais que atuam nessa rede. Arriscamos dizer que tal memória está na base do senso de responsabilidade, da luta por autonomia e da busca criativa por possibilidades de atuação em meio a um cenário de grandes dilemas e preocupações que se colocaram para os trabalhadores e trabalhadoras da educação, durante o ensino remoto emergencial (ERE).

A escolha por trazer as experiências concretas vividas por quem vem enfrentando, na prática, as dificuldades impostas pela crise sanitária e humanitária que atravessamos, pode ser justificada, também, pelas palavras de Paulo Freire:

> Não sou esperançoso por pura teimosia, mas por imperativo existencial e histórico. Não quero dizer, porém, que, porque esperançoso, atribuo à minha esperança o poder de transformar a realidade e, assim, convencido, parto para o embate sem levar em consideração os dados concretos, materiais, afirmando que minha esperança basta. Minha esperança é necessária, mas não é suficiente. Ela, só, não ganha a luta, mas sem ela a luta fraqueja e titubeia. Precisamos da esperança crítica, como o peixe necessita de água despoluída. Pensar que a esperança sozinha transforma o mundo e atuar movido por tal ingenuidade é um modo excelente de tombar na desesperança, no pessimismo, no fatalismo. Mas, prescindir da esperança na luta para melhorar o mundo, como se a luta se pudesse reduzir a atos calculados

---

5. O município de Santo André, em sucessivas gestões do Partido dos Trabalhadores (1989-1992; 1997-2000; 2002-2004; 2005-2008; 2013-2016), deixou um legado de gestão democrática internacionalmente reconhecido.

apenas, à pura cientificidade, é frívola ilusão. Prescindir da esperança que se funda também na verdade como qualidade ética da luta é negar a ela um dos seus suportes fundamentais. O essencial [...] é que ela, enquanto necessidade ontológica, precisa de ancorar-se na prática. Enquanto necessidade ontológica a esperança precisa da prática para tornar-se concretude histórica. É por isso que não há esperança na pura espera, nem tampouco se alcança o que se espera pura, que vira, assim, espera vã. (FREIRE, 2003, p. 60)

Com a intenção de trazer concretude histórica aos fazeres de agora e aos que virão, e com base na ideia de que só podemos esperançar criticamente quando enxergamos as contradições que se colocam ante nossas práticas, apresentamos os relatos de Lara Mancilha e Gabriela Mills Cammarano, que serviram como referência para as possibilidades anunciadas no final do texto.

Antes, porém, cumpre compartilhar com os leitores que, nos diálogos que precederam a escrita destas linhas, chamou-nos atenção quando Lara, com seu tom, ao mesmo tempo doce e aguerrido, afirmou: "2020 foi o ano em que me senti coordenadora pedagógica!". Vejamos o porquê.

Relato de Lara Mancilha

Em meio às adversidades de sobreviver, não somente ao Coronavírus (SARS-CoV-2), mas também, às dificuldades e aos desafios impostos no ano de 2020, é crucial trazer à baila a ocorrência de experiências formativas docentes inseridas no contexto da escola pública de uma rede municipal do Grande ABC Paulista. E, iluminando experiências bem-sucedidas, seguimos esperançando, conforme nos inspira Paulo Freire.

Sob uma ameaça letal, o município de Santo André, decretava[6], em meados de março de 2020, o fechamento das escolas e de todas

---

6. Decreto nº 17.317, de 16 de Março 2020, que dispõe sobre medidas temporárias para enfrentamento de emergência da saúde pública,

as atividades consideradas, naquele momento, como não essenciais. Nessa nova realidade, o aprisionamento invadiu corpos e mentes. Um misto de insegurança, medos, incertezas e uma certa confusão foi se tornando parte de um cotidiano carregado de tensões.

Com o passar dos dias, a ideia de que a calmaria logo seria reestabelecida se dissipou, instaurando a certeza de que vivenciaríamos tempos estranhos e nunca vistos anteriormente. Transcorridos quase dois meses entre o fechamento das escolas, o recesso antecipado e alguns dias ociosos, tínhamos pouquíssimas orientações pedagógicas por parte da Secretaria da Educação, que se mostrava distante, confusa e fragmentada nos direcionamentos tão necessários naquele cenário.

Isolados, tomamos como caminho a ideia de responsabilidade da ação (ARENDT, 2011; 2004) para organizarmos, de algum modo, propostas formativas nas quais reflexões e discussões com os docentes fossem viabilizadas na configuração remota e síncrona. Esse percurso foi marcado pelo diálogo sobre a realidade vivenciada no isolamento social imposto, mas sem perder de vista os compromissos assumidos no Projeto Político Pedagógico da escola.

E foi em meados do mês de abril que, à frente da Coordenação Pedagógica da EMEIEF Ayrton Senna da Silva, dei início à jornada a que se refere a epígrafe deste capítulo: *"alguien tiene que resucitar el imperativo de una formación integral, rigurosa y exigente de los educadores; ir al rescate de su inteligencia, su creatividad y su experiencia como materia prima de su propio proceso educativo"* (TORRES, 2005).

Este trabalho formativo perdurou durante todo o ano letivo, e foi fomentado através da criação de um espaço virtual na plataforma gratuita do *Google* Sala de Aula, que ecoou nas reuniões pedagógicas semanais (RPS) com os docentes e nas reflexões sobre as práticas pedagógicas remotas síncronas e assíncronas realizadas com os alunos.

---

de importância internacional, decorrente do Coronavírus, no Município de Santo André.

Figura 1. *Google* Sala de Aula ilustrado com uma produção de um aluno durante a Pandemia EMEIEF Ayrton Senna da Silva, 2020[7].

Ao consultar os professores e socializar a criação desse espaço, como uma possibilidade de qualificar as Reuniões Pedagógicas Semanais (RPS)[8] no contexto pandêmico, a aceitação deste coletivo foi imediata. Combinamos que, semanalmente, seriam disponibilizados textos, vídeos, artigos e sugestões que iriam dialogar com o que estaríamos discutindo, e com essa dinâmica, conseguiríamos estabelecer uma continuidade formativa nas discussões realizadas.

Figura 2. Parte dos materiais utilizados nos espaços formativos virtuais da Educação Infantil e Ensino Fundamental – EMEIEF Ayrton Senna da Silva, 2020[9].

---

7. O acervo virtual com todos os materiais produzidos durante a Pandemia COVID-19 está localizado na conta *gmail* da unidade escolar, utilizada para fins internos.

8. Na Rede Municipal de Santo André, assim são denominados os momentos coletivos institucionais, destinados à formação docente, sob responsabilidade do Assistente Pedagógico (função equivalente à do Coordenador Pedagógico).

9. O acervo virtual com todos os materiais produzidos durante a Pandemia COVID-19 está localizado na conta *gmail* da unidade escolar, utilizada para fins internos.

É imperativo ressaltar o conceito de formação que tomamos como arcabouço teórico de nossas ações, subsidiado por Placco e Souza (2018), como "*um conjunto de ações integradas, intencionalmente planejadas e desencadeadas pelo formador*", com vistas à promoção de mudanças na prática docente, articuladas e implicadas entre o agir, intervir e mediar, tratando a teoria e a prática, indissociavelmente. Cabe também trazer o que diz García (1995, p. 26) sobre a Formação de Professores, que a define como:

> [...] uma área de conhecimentos, investigação e propostas teóricas e práticas [...], que se implicam individualmente ou em equipa em experiências de aprendizagem, através das quais adquirem ou melhoram os seus conhecimentos, competências e disposições, e que lhes permite intervir profissionalmente no desenvolvimento do seu ensino, do currículo e da escola, com o objetivo de melhorar a qualidade da educação que os alunos recebem.

Inicialmente, a coordenadora não possuía uma visão tão clara sobre este fazer, mas carregava consigo a convicção de que a educação é uma forma de intervenção no mundo e que a aprendizagem é construída e reconstruída a partir da abertura ao risco e à aventura (FREIRE, 1996). Com base nessas premissas, sabíamos que seria possível, além de necessário, recriar o espaço das RPS. Ainda que sobre terreno incerto, a equipe percebeu a oportunidade de agir com autonomia, sem os habituais cerceamentos da gestão em curso da Secretaria de Educação, que havia transformado, havia algum tempo (mesmo que não tivesse clareza disso), as RPS em núcleo de cumprimento de demandas alheias à realidade da escola.

Os efeitos de nossa disposição não tardaram a emergir, definindo se como cerne para resgatar a autoria docente em meio à paralisia da rede. Percebemos uma mudança significativa na postura dos professores que, preocupados com o "que fazer" (FREIRE, 1996) da escola pública, se sentiram protagonistas do currículo e autores de suas próprias práticas.

Tal postura do grupo estimulou a ampliação do espaço de autonomia da CP, uma vez que, a cada RPS, seu papel como formadora era provocado. Envolvidos nas propostas, os professores traziam reflexões, trocavam práticas, socializavam ideias e, juntos, fortalecemos o grupo. Nesta lógica, a coordenadora procurava manter uma coerência entre as discussões e os materiais postados, na tentativa de garantir a continuidade formativa. Assim, se as discussões engendravam reflexões sobre as infâncias em uma semana, na próxima, não seriam tratados, aleatoriamente, aspectos relacionados à produção textual, por exemplo.

Nessa dinâmica, a ideia de formação continuada estava sendo, enfim, tratada com seriedade e respeito, mesmo que de modo isolado, considerando que pensar no direito à formação, garantido através da meta 16 do Plano Nacional da Educação[10], há tempos deixou de ser prioridade. Contudo, representado por professores responsivos e carregados de consciência política, esse direito foi lembrado em uma das RPS, marcando a noção de pertencimento e identidade docente a partir de um coletivo mais fortalecido: *"O espaço de reflexões e trocas nas RPS é por direito NOSSO, e embora bem esquecido ultimamente, está garantido pelo PNE 2014-2024"* (Ressignificando o Projeto Político Pedagógico da EMEIEF Ayrton Senna da Silva, 2020, p. 21).

Esse coletivo de professores passou a refletir, na mesma medida, sobre o direito à educação, reconhecendo que, de algum modo, este direito estava sendo negado às crianças. Sem qualquer apoio tecnológico para acesso às aulas *on-line*, os professores, utilizavam seus próprios recursos – *notebooks*, celulares e internet –, e as famílias providenciavam celulares precários e tentavam adquirir alguma conexão da internet, pois entendiam a importância da educação na formação e desenvolvimento de seus filhos. A precariedade dessa situação nos faz lembrar do seguinte relato de Michael Apple (2017):

> Durante a guerra na Iugoslávia, passei um tempo em acampamentos de refugiados no que hoje é a Eslovênia. Milhares e milhares de pessoas fugiram pelas montanhas para escapar do bombardeio criminoso e impiedoso de Sarajevo. Quando cruzaram a fronteira para a

---

10. Lei nº 13.005/2014 – Aprova o Plano Nacional da Educação (PNE) e dá outras providências.

Eslovênia e alcançaram os acampamentos de refugiados – barracos do exército caindo aos pedaços que seriam seu lar durante alguns meses –, elas organizaram imediatamente duas frentes: distribuição de alimentos e escolas. Ambas eram vistas como essenciais para elas e seus filhos. Esses refugiados enfatizaram com essa atitude que para eles não pode haver uma sociedade de respeito sem um sistema educacional democratizado. Diante disso, nos resta dizer que ou eles estavam possuídos por uma "consciência mítica" e não tinham ideia do que estava acontecendo ou temos que admitir que sua identidade e esperança por um futuro melhor estava intimamente ligada ao respeito profundo pela educação, que lhes dava esperança na tragédia. A educação não se relacionava apenas a empregos, mas à identidade de cada um deles. (APPLE, 2017, pp. 16-17)

Na tentativa de dirimir as dificuldades encontradas no acesso das crianças, a Coordenadora Pedagógica e a Diretora da unidade (mesmo afastada), buscavam oportunizar o envio de materiais necessários para a realização das propostas pedagógicas planejadas pelos professores. Aqui, cabe uma ressalva importante: a equipe da limpeza da escola, percebendo o movimento articulado pela CP, tomou para si a responsabilidade de separar todos os materiais que iam para as casas das crianças, enquanto os professores debruçavam-se nos atendimentos *on-line*.

As funcionárias cortavam papeis, grampeavam atividades, agrupavam palitos que seriam utilizados para a compreensão do sistema de numeração decimal, plastificavam fichas de leitura, etiquetavam os envelopes para identificar cada criança da escola – pois muitos planejamentos eram individualizados, dentro da necessidade pedagógica do aluno. Enfim, uma verdadeira "força tarefa" para a realização do direito à educação.

E assim, 2020 foi passando, e o grupo docente se fortalecendo! Leitura simultânea? Fizemos! Teatro *on-line*? Fizemos também! Agrupamentos produtivos subdivididos por saberes ou não saberes? Fizemos! Exposições com cartazes, maquetes, esculturas, pinturas, plantio e cultivo, culinária? Também fizemos; afinal, aprendemos a usar as ferramentas digitais como aliadas nesse processo.

Não queremos afirmar, com essa tessitura narrativa, a ideia fantasiosa que reforça o imaginário social de que educadores são movidos por uma vocação missionária. Não nos afastamos dos conflitos, dúvidas, medos e incertezas. Foram muitas as vezes em que, diante das dificuldades, pensamos em desistir, mas o compromisso político com aquilo que nos é caro nos fez acreditar no potencial dos professores como intelectuais (PONCE; ROSA, 2014) e na escola como um espaço público em que todos são sujeitos do currículo.

Dentre os desafios, não poderíamos deixar de mencionar o desabafo da CP da EMEIEF Ayrton Senna da Silva:

> *Foram muitas as vezes em que estive sozinha na unidade. Com diretora e vice-diretora da escola afastadas, foi necessário tomar a frente de todas as demandas presenciais que surgiam, inclusive daquelas relacionadas à manutenção escolar – a escola estava passando por uma revitalização durante o ano de 2020 – e aos atos de vandalismo ocorridos, como furtos da fiação dos espaços, por exemplo. Tantas foram as tarefas que não competiam a mim, mas, naquele momento, só pensava que não poderia "abandonar o barco" e deixar os professores ainda mais desorientados. Então, fui buscando aprender e tentar dominar novas ferramentas tecnológicas para apoiá-los e instrumentalizá-los da melhor forma possível. Nessa lógica, as noites e finais de semana eram dedicados para a organização das pautas formativas, que integravam o uso das ferramentas digitais (PADLET, Mentimeter, Jamboard, Kahoot, etc.), o próprio fazer pedagógico e a reflexão sobre a prática (Coordenadora Pedagógica da EMEIEF Ayrton Senna da Silva).*

O papel de formador, diante de tantos obstáculos, trouxe à tona muitas práticas reinventadas, adaptadas e... possíveis. Nesse caminho, a CP encontrou a valiosa parceria de outras coordenadoras da rede que compartilhavam dos mesmos ideais e, na tentativa de instigar os professores a pensarem nesse novo contexto de ensino, debruçaram-se em estudos, cursos, leituras, *lives,* para coordenar o trabalho coletivo de forma fundamental.

(Lara Mancilha, Santo André, 04/06/2021)

A narrativa de Lara mostra que, apesar das adversidades impostas pela pandemia, quando o coletivo de professores assumiu, coletivamente, a responsabilidade de estudar o que estava acontecendo, para então definir como poderia conceber e colocar em prática um currículo que atendesse aos estudantes da unidade, seu papel formador também foi provocado. Nesse sentido, este depoimento ilustra como a dimensão formadora da atuação do coordenador pedagógico pode se concretizar no contexto do projeto político-pedagógico das escolas, promovendo transformações nos modos de se pensar e de colocar em prática o trabalho educativo (ALMEIDA, 2010).

Cabe destacar que o papel da CP como formadora se fortaleceu no diálogo e compartilhamento de experiências com pares da mesma rede que, como Lara, se sentiram um pouco mais "livres", mas não menos responsáveis, para pensarem sobre suas práticas, na medida em que as equipes centrais da Secretaria de Educação deixaram de exercer, por algum tempo, papeis de controle e de instância demandante de tarefas impostas às escolas.

A experiência de Gabriela Mills Cammarano, embora não tenha sido tão positiva como a de Lara, reforça a importância da coletividade e da autonomia como fatores primordiais para a construção de práticas formativas autorais e emancipadoras.

Relato de Gabriela Mills Cammarano

Minha atuação mais marcante e desafiadora, enquanto docente, certamente se deu no ano de 2020, devido ao contexto imposto pela pandemia. Mas também por ter sido o ano em que optei por retornar à sala de aula, em função do ingresso no Mestrado, após alguns anos atuando como Coordenadora Pedagógica[11] na rede municipal de Santo André.

---

11. Coordenadores Pedagógicos em Santo André são admitidos em caráter de função gratificada. O acesso se dá através de provas e/ou entrevistas, permanecendo o funcionário com seu cargo de origem de professor, podendo assim retornar à docência por iniciativa própria ou a pedido da SE.

Os primeiros dias me trouxeram de volta a sensação segura e feliz da sala de aula. Minha turma era um 4º Ano do Ensino Fundamental, composta por crianças falantes, espertas, curiosas e ávidas por conhecimento. A identificação e os vínculos não tardaram a acontecer. Tínhamos planos para o ano letivo que incluíam desde indicações literárias para nosso momento diário de leitura deleite, até a reativação da horta da escola, projetos de Ciências, entre tantas outras possibilidades. Porém, nossos planos foram adiados (para não dizer interrompidos), em meados do mês de março, quando a preservação da vida se fez prioridade.

Todas as certezas então se transformaram em dúvidas, pois os desafios do ensino remoto provocaram os docentes e gestores a pensar e agir subitamente em contextos inexplorados e cheio de dificuldades, tais como: adaptação imediata ao uso das ferramentas digitais para estabelecer e manter o contato com os alunos; pensar estratégias para garantir a continuidade das atividades escolares e a manutenção dos vínculos com os alunos; ensinar e avaliar remotamente, entre tantos outros.

Somados a estes desafios, as especificidades dos Anos Iniciais do Ensino Fundamental colocaram professores e alunos em situação ainda mais complexa, pois o isolamento social exigia que a mediação, o contato direto e a troca diária fossem substituídos, na melhor das hipóteses, por uma tela de celular ou computador. Porém, eu estava disposta a tentar e me arriscar a fazer o melhor possível dentro das condições oferecidas.

Em Santo André, a Secretaria de Educação (SE) emitiu a *"Orientação Normativa – DEIF/SE – Ensino Remoto"*, contendo orientações acerca da organização do ensino remoto emergencial, somente em 04 de maio de 2020, data oficial de início do ensino remoto neste município.

Mediante a discussão e definição das possibilidades de cada Unidade Escolar, as estratégias adotadas para o Ensino Fundamental deveriam necessariamente figurar entre as opções abaixo relacionadas:

- Orientações para as famílias, tutores ou responsáveis quanto à interação com a criança, mediante momentos organizados no dia, em que realizem propostas juntos adulto(s) e criança(s).
- Orientações para as famílias, tutores ou responsáveis de como organizar uma rotina incluindo as propostas de higiene/cuidados corporais, estudos, brincadeiras variadas, músicas e jogos diversos.
- Orientações para as famílias, tutores ou responsáveis sugerindo a leitura diária de textos pelos pais ou responsáveis.
- Orientações para as famílias, tutores ou responsáveis indicando a leitura diária de textos pelas crianças, respeitando a faixa etária e o ano de escolaridade.
- Orientações para as famílias, tutores ou responsáveis sugerindo filmes e programas infantis pela TV e/ou algumas propostas em meios digitais, quando for possível.
- Contato com as famílias, tutores ou responsáveis pelas propostas, mais efetivo com o uso de Internet (*WhatsApp*, *E-mail*, *Facebook* Institucional, *Instagram* Institucional, *blog* institucional) para possíveis esclarecimentos e combinados.
- Elaboração de materiais impressos, compatíveis com a idade da criança, para realização de propostas como: sequências didáticas envolvendo propostas ajustadas aquilo que a criança já consegue realizar, mediante a complexidade que ela poderá dar conta sem a mediação direta do adulto.
- Propostas a serem realizadas de acordo com os materiais didáticos utilizados pela escola, principalmente com os Livros Didáticos (PNLD), envolvendo propostas ajustadas aquilo que a criança já consegue realizar, mediante a complexidade que ela poderá dar conta sem a mediação direta do adulto.
- Distribuição de vídeos educativos (de curta duração), seguidos de atividades a serem realizadas com a supervisão das famílias, produzidos pela/o docente ou não, por meio de plataformas *on-line*, de acordo com o planejamento, sem a necessidade de conexão simultânea.
- Organização de conteúdos produzidos pela/o docente ou não, em meios virtuais como: *Facebook* institucional, *E-mail*,

blog institucional, de acordo com o planejamento. (SANTO ANDRÉ, 2020, p. 4)

Contrariando minhas expectativas, na escola em que atuo houve resistência inicial de parte dos docentes em estabelecer contato mais efetivo com as famílias, ficando definido, pelo voto da maioria, apenas o envio de atividades impressas para serem realizadas sem a mediação ou intervenção docente.

Em conversa com colegas professores, coordenadores pedagógicos e diretores de outras unidades da rede, percebi que o ensino remoto vinha se efetivando por meio de estratégias distintas, que incluíam contato para manutenção de vínculos, uso de livros didáticos, controle de interação por parte dos professores, etc. Além disso, tinha informações que as RPS estavam sendo realizadas por meio de encontros *on-line,* cujas pautas formativas eram definidas de acordo com as necessidades percebidas pelos gestores e docentes.

Tais informações foram confirmadas pelas CPs que participaram do grupo de discussão proposto como instrumento de coleta de dados em minha pesquisa de Mestrado, ainda em andamento naquele momento:

> O ano passado foi completamente pedagógico o tempo inteiro [...] A gente tratou de discutir a nossa realidade em todas as RPS. Então, na primeira meia hora, a gente tinha: e aí gente, como foi a devolutiva das salas? Como vocês tem feito? Que dúvidas vocês têm? Vocês estão conseguindo pensar na continuidade do projeto? Então, a gente fazia isso coletivamente, porque eles estavam sentindo muita falta dessa troca [...] (Relato de uma CP no grupo de discussão realizado em 22/01/2021)

De fato, o contexto imposto pelo ensino remoto colaborou para que, em muitas escolas, o CP pudesse exercer de fato sua função de formador, pois, ao invés de ser encarado muitas vezes como um "faz tudo" – com funções que transitam entre o pedagógico e o administrativo – o trabalho em *home office* permitiu que esse gestor tivesse a oportunidade de focar sua prática em ações centradas nas reais necessidades da escola. Corroborando o relato feito por Lara, esta outra CP, participante de minha pesquisa, fez o seguinte depoimento:

> [...] eu acho que o ano de 2020, foi o ano que eu mais me senti coordenadora de escola [...] Sem que o administrativo me envolvesse o tempo todo, porque você está na secretaria da escola, toca telefone você atende, você faz matrícula, a diretora tem uma coisa para fazer; você vai fazendo e conversa com pai; você vai discutir no portão; você entrega criança na perua; você vai fazer isso, vai fazer aquilo, vai fazer aquilo outro. E o contato com o professor direto, acontece o mínimo. (Relato de uma CP no grupo de discussão realizado em 22/01/2021)

Assim sendo, destacamos o conceito de formação centrada na escola com base nas contribuições de Placco:

> A formação centrada na escola, portanto, foca em dois eixos: a geração de demandas de formação, pela análise de suas necessidades e de sua realidade político-pedagógica, e a implementação de ações formadoras que respondam, simultaneamente, a esses diferentes alvos: escola, comunidade, sistema de ensino. (PLACCO, 2014, p. 536)

Há que se considerar, entretanto, que essa não foi a realidade da rede como um todo, pois a atuação de muitos gestores se restringiu a atender exclusivamente as demandas vindas da SE. Com isso, desperdiçaram a oportunidade de realizar um trabalho centrado na escola e nas necessidades dos professores e alunos. Nas palavras de Ball (2005), exerceram uma prática característica do modelo gerencialista. De acordo com este autor, o gerencialismo é o principal meio pelos qual a estrutura e a cultura dos serviços públicos são reformadas, buscando induzir novas orientações, remodelando as relações de poder e afetando como e onde são feitas as opções de políticas sociais; ou seja, trata-se de uma tecnologia utilizada para criar nas escolas uma cultura empresarial e competitiva. (BALL, 2005).

Tudo isso me inquietava a cada dia, pois, ao acatar a decisão da maioria do grupo da escola, como docente, eu vivia um momento de atuação limitada e controlada. Tinha a sensação de que não estava correspondendo às necessidades dos meus alunos e, portanto, de que não estava exercendo minha função de professora como deveria. Por um tempo, fiquei restrita à prestação de contas contínua, traduzida em planilhas e mais planilhas de monitoramento e acompanhamento.

Nesse sentido, a ausência de políticas públicas efetivas para a concretização do ensino remoto colaborou para que professores e gestores enfrentassem inúmeras situações desconfortáveis e complexas, pois não tínhamos as ferramentas necessárias para trabalharmos; tampouco os alunos, pois, diante de uma crise sanitária e econômica sem precedentes, muitas famílias se encontravam em situação de grande vulnerabilidade.

A pedido da equipe gestora da unidade em que trabalho, redigi uma carta à Coordenadora de Serviços Educacionais[12] (CSE), explanando os motivos de minha angústia e apresentando propostas possíveis para qualificação do ensino remoto. Consegui, assim, a "liberação" para criar um grupo no aplicativo de mensagens *WhatsApp* com os responsáveis pelos alunos, a fim de começar a interagir com as crianças, sanar suas possíveis dúvidas e manter os vínculos pedagógicos e afetivos com elas. Somente três colegas (num total de 20 na unidade escolar) aderiram à proposta e também criaram os seus grupos.

Entretanto, fomos orientadas a não disponibilizar materiais complementares no referido grupo, a fim de não tornar nossa prática pedagógica diferente dos demais docentes daquela escola. Segui, então, com meus recursos pessoais, numa espécie de "batalha solitária", questionando, lutando e clamando pela efetivação de um ensino remoto com condições mínimas de qualidade.

Percebi, pela manifesta sensação de abandono por parte dos gestores públicos, que não havia alinhamento das ações da SME para o ensino remoto. Cada unidade escolar estava trabalhando de uma forma; umas mais, outras menos, porém, acredito que todas à

---

12. Função existente na prefeitura de Santo André que se assemelha ao Supervisor de Ensino.

espera de políticas claras e efetivas que favorecessem o acesso dos alunos às atividades remotas e que, portanto, garantissem o direito de todos à educação.

Permanecemos assim em nossa unidade – a maioria sem contato com as famílias, os alunos sem a mediação dos professores, e estes sem retorno das atividades impressas – até meados do mês de julho, quando as estratégias foram revistas. Os livros didáticos foram entregues às famílias e todos os docentes criaram seus grupos para estabelecer a comunicação com os alunos.

Iniciamos, então, uma nova etapa do ensino remoto emergencial, caracterizado por aulas gravadas (assíncronas), disponibilizadas nos grupos criados. No entanto, eu ainda me sentia incomodada, pois sabia, através de relatos de colegas de outras escolas, que as ações estavam ocorrendo de maneira diversa. Algumas criaram ferramentas para contato com as famílias desde o início, que incluíam *sites*, grupos em aplicativos, *blogs* e redes sociais institucionais, entre outras, utilizando recursos próprios. Decidi então que precisaria dar o próximo passo.

A partir do mês de setembro, comecei a realizar chamadas de vídeo, utilizando a plataforma gratuita *Google Meet*, com o objetivo de manter os vínculos afetivos com meus alunos, mas sem prejuízo para os que não conseguissem acessar. Contudo, não fui autorizada a fazer mediação pedagógica naquele momento. Propus, então, momentos de fala e escuta, para que as crianças tivessem a oportunidade de relatar suas angústias, medos e anseios diante do isolamento social. Nesse ambiente, fizemos atividades lúdicas, como gincanas, jogo de *stop*, feira de Ciências virtual, histórias contadas com objetos, *live* do pijama, entre outras. O retorno das famílias acerca desta ação foi muito positivo, com relatos sobre a alegria e ansiedade das crianças ao reverem os amigos e a professora.

Vale dizer que, no mês de novembro, a SME disponibilizou um *chip* de dados para o acesso dos alunos à internet, e que houve um "ensaio" de uso de uma plataforma (estilo *moodle*) para as aulas virtuais, mas ambas iniciativas não prosperaram. No final de 2020, na atribuição de salas para o ano seguinte, decidi acompanhar a mesma turma no 5º ano do Ensino Fundamental, pois me sentia em dívida com eles.

Com o agravamento da pandemia, realizamos desde o primeiro dia letivo de 2021, momentos síncronos através de vídeo-chamadas diárias, em sala de aula do *Google Classroom*. Estabelecemos nossa rotina de aulas, iniciadas sempre com uma leitura deleite, refizemos nossos combinados e estabelecemos regras para melhor utilização do ambiente virtual, pois havíamos nos adaptados relativamente bem ao uso dessa tecnologia.

Diante dos fatos relatados, concluo esta narrativa expressando minha convicção de que teria sido possível qualificar o trabalho dos professores, mesmo em circunstâncias adversas, caso houvesse um olhar mais atento do CP para realizar a articulação do trabalho pedagógico da escola. Com a experiência acumulada nessa função, sei que as RPS podem ser momentos valiosos de trocas de experiências e aprofundamento de estudos que superem o senso comum e não encontros meramente burocráticos para repassar uma enxurrada de recados e informes administrativos que não contribuem para a construção da autonomia docente. Se houve algo de positivo no ensino remoto emergencial, certamente foi a oportunidade que alguns CP aproveitaram para exercer seu verdadeiro papel de formadores, despertando a consciência crítica sobre o papel político dos educadores que ficou tão evidente durante a pandemia.

(Gabriela Mills Cammarano, 07/06/2021)

As vivências profissionais de Gabriela, embora distintas das relatadas por Lara, colocam em destaque a importância da autonomia dos coletivos escolares no desenho de suas propostas pedagógicas e curriculares que, por sua vez, subsumem as propostas e práticas de formação centradas nas escolas. Em sua unidade escolar, o fato de o grupo não ter aderido a uma proposta coletiva alinhada às reais necessidades dos estudantes fez com que ela se sentisse sozinha e angustiada. Em contraste, nas escolas nas quais as equipes não se restringiram a cumprir as demandas meramente gerenciais da Secretaria de Educação, os horizontes e as possibilidades de atuação para a formação centrada na escola foram mais amplas e originais.

Considerações finais

Os relatos das duas educadoras poderiam ensejar múltiplas possibilidades de análise. Mas, gostaríamos de chamar a atenção dos leitores quanto ao papel da gestão dos sistemas educativos, que podem (e devem) fortalecer a autonomia dos coletivos escolares frente ao desenho de seus currículos e de suas práticas formativas, por meio do diálogo e da escuta ativa daqueles que, cotidianamente, se esforçam para atender os estudantes e suas famílias. O horizonte que se mostra para o ensino remoto emergencial e para a retomada das aulas presenciais não é simples e, sem dúvida alguma, os estudantes retornarão às escolas com conhecimentos, saberes e experiências diversas, de modo que não há saídas que não passem pela solidariedade.

As práticas de formação centradas nas escolas precisam se pautar por esses princípios. E se, antes da pandemia – na condição de formadores e pesquisadores em Educação –, não vislumbrávamos outra saída para as grandes questões da Educação, que não passasse pelo fortalecimento dos coletivos escolares, durante a pandemia essa ideia ganhou ainda mais força, de modo que a sentimos quase como uma convocação para o que nos aguarda no período pós-pandemia, quase como um chamado para encontrarmos um rumo para as décadas vindouras. Fomos fortemente convocados a, definitivamente, assumir a responsabilidade pelo cuidado com o mundo, o que Hannah Arendt indicava como estandarte fundamental para o século XX. Não o fizemos. Conseguiremos agora?

Embora não tenhamos uma resposta para essa pergunta, esperamos que as ideias aqui defendidas possam contribuir, em alguma medida, com o trabalho das coordenadoras e coordenadores pedagógicos que teimam em se manter esperançosos criticamente. O gerencialismo e o pensamento individualizante da sociedade de mercado nos conduziram até aqui. Desembocamos, assim, numa crise sanitária sem precedentes, em governos autoritários, em práticas educativas marcadas por controle, pela corrosão dos coletivos e pela construção de subjetividades pouco democráticas (ROSA, 2019).

As experiências de Lara e Gabriela sugerem que o caminho é inverso: precisamos fortalecer os coletivos, investir em processos formativos democráticos e autorais, que valorizem a memória e a história das redes de ensino, como é o caso de Santo André, que é parte da história recente da democracia brasileira.

Sendo assim, mais do que respostas, deixamos algumas questões: o que pode o CP nesses tempos? O que poderá nos tempos que virão? Como companhia para as reflexões que podem suscitar essas questões, deixamos as palavras de Bauman:

> Somos todos interdependentes neste nosso mundo que rapidamente se globaliza, e devido a essa interdependência nenhum de nós pode ser senhor de seu destino por si mesmo. Há tarefas que cada indivíduo enfrenta, mas com as quais não se pode lidar individualmente. O que quer que nos separe e nos leve a manter a distância dos outros, a estabelecer limites e construir barricadas, torna a administração dessas tarefas ainda mais difícil. Todos precisamos ganhar controle sobre as condições sob as quais enfrentamos os desafios da vida – mas para a maioria de nós esse controle só pode ser obtido *coletivamente*. Aqui, na realização de tais tarefas, é que a comunidade mais faz falta; mas também aqui reside a chance de que a comunidade venha a se realizar. Se vier a existir uma comunidade no mundo dos indivíduos, só poderá ser (e precisa sê-lo) uma comunidade tecida em conjunto a partir do compartilhamento e do cuidado mútuo; uma comunidade de interesse e responsabilidade em relação aos direitos iguais de sermos humanos e igual capacidade de agirmos em defesa desses direitos. (BAUMAN, 2003, pp. 133-134)

Referências

ALMEIDA, L. R. de. A coordenação pedagógica no estado de São Paulo nas memórias dos que participaram de sua história. In: ALMEIDA, L. R.; PLACCO, V. M. N. S. In: *O coordenador pedagógico e o atendimento à diversidade*. São Paulo: Loyola, 2010.

APPLE, M. W. *A educação pode mudar a sociedade?* Petrópolis: Vozes, 2017. 310 p.

ARENDT, H. *Responsabilidade e julgamento*. Rosaura Eichenberg (trad.). São Paulo: Companhia das Letras, 2004.

ARENDT, H. *Entre o passado e o futuro*. Mauro W. Barbosa (trad.). São Paulo: Perspectiva, ⁶2011.

BALL, S. Profissionalismo, gerencialismo e performatividade. *Cadernos de Pesquisa*, v. 35, n. 126, pp. 539-564, set./dez. 2005. Disponível em: <http://www.scielo.br/pdf/cp/v35n126/a02n126.pdf>. Acesso em: 24 mar. 2021.

BAUMAN, Z. *Comunidade. A busca por segurança no mundo atual*. Rio de Janeiro: Jorge Zahar, 2003.

EMEIEF AYRTON SENNA DA SILVA. *Ressignificando o Projeto Político Pedagógico*. Santo André: EMEIEF Ayrton Senna da Silva, 2020, 62 p.

FREIRE, P. *Cartas a quien pretende enseñar*. Prólogo de Rosa María Torres. Buenos Aires: Siglo Veintiuno editora, 2005.

FREIRE, P. *Pedagogia da autonomia: saberes necessários à prática educativa*. Rio de Janeiro: Paz e Terra, 1996.

FREIRE, P. *Pedagogia da esperança: um reencontro com a pedagogia do oprimido*. São Paulo: Paz e Terra, 2003.

GARCÍA, M. C. *Formação de professores: para uma mudança educativa*. Portugal: Porto, 1999.

PLACCO, V. M. N. de S. *A função formativa da coordenação pedagógica na escola básica*. XVII ENDIPE – Encontro Nacional de Didática e Prática de Ensino. FORTALEZA – 11 a 14/11/2014. Disponível em: <http://www.uece.br/endipe2014/ebooks/livro4/33.%20A%20fun%C3%A7%C3%A3o%20formativa%20da%20coordena%C3%A7%C3%A3o%20pedag%C3%B3gica%20na%20escola%20b%C3%A1sica.pdf>. Acesso em: 24 mar. 2021.

PLACCO, V. S., TREVISAN, V. L. O que é formação: convite ao debate e à proposição de uma definição. In: ALMEIDA, L. R. de; PLACCO, V. M. N. de S. (orgs.). *O coordenador pedagógico e seus percursos formativos*. São Paulo: Loyola, 2018.

PONCE, B. J.; ROSA, S. S. da. Políticas curriculares do estado brasileiro, trabalho docente e função dos professores como intelectuais. *Revista Teias*, v. 15, n. 39, pp. 43-58, 2014. Disponível em: <https://www.e-publicacoes.uerj.br/index.php/revistateias/article/view/24481/17460>. Acesso em: 15 jun. 2021.

ROSA, S. S. da. Políticas regulatórias, subjetividade e os entraves à democracia na escola pública brasileira: contribuições à pesquisa curricular. *Currículo sem Fronteiras*, v. 19, n. 3 pp. 844-867, set/dez. 2019. Disponível em: <https://www.curriculosemfronteiras.org/vol19iss3articles/rosa.pdf>. Acesso em: 15 jun. 2021.

SANTO ANDRÉ. *Decreto nº 17.317, de 16 de Março de 2020*. Dispõe sobre medidas temporárias para enfrentamento da emergência de saúde pública, de importância internacional, decorrente do Coronavírus, no Município de Santo André. Diário do Grande ABC nº 17.918: Classificados, p. 4, 17 mar. 2020.

SANTO ANDRÉ. Secretaria de Educação. Departamento de Educação Infantil e Ensino Fundamental. *Orientação Normativa Ensino Remoto*. Santo André, abr. 2020.

A escola e a formação continuada dos CPs e professores no contexto da pandemia

Luciana Matsukuma[1]
(lucianamatsukuma@hotmail.com)
Vera Maria Nigro de Souza Placco[2]
(veraplacco7@gmail.com)

Introdução

A frase, utilizada por Megginson (1963) e atribuída a Charles Darwin: "Não é o mais forte que sobrevive, nem o mais inteligente, mas o que melhor se adapta às mudanças", nunca fez tanto sentido. Vivemos, entre 2020/2021, um momento histórico peculiar, que tem merecido a atenção de formadores e pesquisadores da área da educação, pelas dificuldades apresentadas no processo de reorganização do ensino, seja ele público ou privado, em tão curto espaço de tempo.

A pandemia da COVID-19 exigiu de todos nós, educadores, tomadas de decisões rápidas, inéditas, para as quais ninguém estava

---

1. Mestra em Educação: Formação de Formadores – PUC-SP, Assistente Pedagógica da Secretaria da Educação de Mairiporã – SP. Participante do grupo de pesquisa Contexto Escolar, Processos Identitários, na Formação de Professores e Alunos da Educação Básica (CEPId).
2. Doutora em Educação: Psicologia da Educação, docente na Pontifícia Universidade Católica de São Paulo, no Programas de Estudos Pós-graduados em Educação: Psicologia da Educação e Educação: Formação de Professores. Coordena o grupo de pesquisa Contexto Escolar, Processos Identitários, na Formação de Professores e Alunos da Educação Básica (CEPId).

devidamente preparado, impondo novas formas de nos relacionarmos e também de trabalharmos. Um momento permeado de incertezas, angústias, medo, mas também de renovação, superação e reinvenção das práticas pedagógicas.

Vimos os professores assumirem, nesse momento pandêmico, um papel de grande relevância, sendo os condutores de um processo educativo que foi e ainda está sendo construído, ditado pelas emergências impostas pela pandemia, para o qual não houve formação, preparação ou organização prévia.

O presente artigo traz o relato de como a rede pública de ensino de Mairiporã reorganizou o seu sistema de ensino, e como se deu a formação continuada de professores e equipes gestoras, durante a pandemia da COVID-19.

O objetivo é apresentar as principais medidas que essa rede de ensino tomou para garantir os direitos de aprendizagem de todos os alunos e minimizar os danos ao processo de ensino-aprendizagem, além de garantir a formação continuada de professores e CPs, para o enfrentamento de uma nova maneira de ensinar e aprender, durante o período em que as aulas estiveram suspensas.

Reorganização do ensino e da formação de CP e professores na pandemia: desafios e possibilidades

O ano de 2020 trouxe desafios inesperados à sociedade – melhor dizendo, à humanidade, em decorrência da pandemia da COVID-19. Este desafio se revelou, nas escolas, de maneira particularmente dolorosa e profunda.

A pandemia desvelou a perversa desigualdade social e econômica entre as classes sociais. Em muitas escolas, a falta de recursos tecnológicos, a falta de acesso à internet, a necessidade de ajuda das famílias no desenvolvimento das aulas, a busca ativa por alunos que deixaram de se comunicar com a escola, a necessidade de ajudar às famílias em situação de vulnerabilidade, a preocupação com os alunos em relação à fome, violência doméstica e a defasagem no aprendizado, foram alguns dos desafios e preocupações enfrentados pelos educadores.

Enquanto as escolas particulares se organizavam em torno de aulas *on-line*, as escolas da rede pública de ensino buscavam alternativas para alcançar os alunos, manter os vínculos e dar continuidade ao processo educativo.

Neste artigo, vamos historiar o enfrentamento vivido pela rede de ensino municipal de Mairiporã, município da Região Metropolitana de São Paulo, SP, apontando os desafios, as conquistas e as dificuldades enfrentados, e superados ou não.

Quando a rede de ensino de Mairiporã teve a suspensão das aulas decretada, em Março de 2020, todas as atividades passaram a ser realizadas por meio do sistema remoto.

Num primeiro momento, buscando não perder o vínculo com os alunos, essa rede se organizou em torno de grupos de *WhatsApp* e por postagens no *Facebook*. Para isso, cada escola montou um perfil nessa rede social, e, assim, as escolas passaram a sugerir aos alunos atividades, leituras e estudos, apontados por um quadro com a rotina das atividades que eles deveriam seguir, ao mesmo tempo em que professores e gestores tinham, em seus grupos de *WhatsApp*, todos os pais dos alunos da escola, para se comunicarem.

Após um mês desde a suspensão das aulas, essa rede de ensino passou a contar com uma plataforma de atividades *on-line*. Nessa plataforma, os professores colocavam o conteúdo a ser trabalhado na semana, de todos os componentes curriculares; geralmente um pequeno texto ou vídeo explicativo, seguido de questões de múltipla escolha, cruzadinhas, caça palavras, atividades para completar, etc. Não houve, no entanto, nenhum momento de interação do aluno e do professor por meio da Plataforma; apenas pelo *WhatsApp*, em trocas de mensagens e áudios.

Quando falamos de dificuldade de acesso aos meios digitais, temos que considerar não só a falta de equipamentos (*tablet*, *notebook*, computador), mas também a falta de internet, além da falta de habilidade em lidar com os recursos tecnológicos, tanto por parte dos alunos, quanto por parte dos professores.

Compreendemos toda a problemática que envolve o uso dos recursos tecnológicos para nossos alunos da rede pública; entretanto, prejuízos maiores poderiam ser registrados, se nada fosse feito.

Esse recurso da Plataforma de Atividades *on-line* não pôde ser acessado por todos os alunos da rede de ensino, de forma que foi necessário disponibilizar, também, atividades impressas, que eram entregues mensalmente.

Para a postagem das atividades nessa plataforma, foi necessário um esforço de todos os educadores para aprender a lidar com essa nova tecnologia, uma vez que não era comum ou habitual utilizarem esse recurso no desenvolvimento das aulas. As dificuldades surgiram, proporcionalmente, à falta de habilidade em lidar com os meios digitais.

A equipe de Assistência Pedagógica da Secretaria Municipal de Educação de Mairiporã se preparou rapidamente para, então, orientar e formar as equipes gestoras que, por sua vez, orientaram e formaram os professores, que orientaram as famílias e os alunos sobre o uso dessa nova ferramenta.

Essas orientações/formações ocorreram por meio de tutoriais gravados, e também por meio de registro escrito do passo a passo, de como postar atividades na Plataforma e também de como os alunos deveriam acessar a Plataforma para realizar as atividades.

Tanto as atividades da Plataforma como as atividades impressas (destinadas aos alunos que não tinham como acessar a Plataforma) precisavam da ajuda das famílias para leitura e explicação do conteúdo, principalmente aos alunos em fase de alfabetização, que sequer liam a consigna da atividade.

Para muitas famílias, foi o primeiro contato com expressões e nomenclaturas como: *link*, *login*, *site*, senha de acesso, tutorial, "finalizar a tarefa e enviar", dentre outros.

As questões pedagógicas também tiveram que ser repensadas. Foi desafiador trabalhar o conteúdo de maneira não presencial, contando, para isso, a maior parte das vezes, com a ajuda das famílias, em que algumas questões tiveram que ser consideradas, como: ter clareza quanto à possibilidade de os membros das famílias não serem letrados; compreender que a família não tem estudo e conhecimento quanto às metodologias e aos conteúdos de ensino, para ajudar o aluno em casa; entender que muitos alunos não possuíam computador em casa e só conseguiriam realizar as atividades quando a família chegasse do trabalho à noite, usando, para isso, o celular dos pais; compreender que as famílias não tinham acesso à internet ou seus dados móveis eram restritos; compreender que há famílias que possuem mais de um ou dois filhos na escola, e que o único equipamento que possuem é um celular, dentre tantas outras dificuldades.

Para o enfrentamento de todos os desafios lançados à escola, impostos pela pandemia da COVID-19, as equipes gestoras, professores e familiares puderam contar com uma rede de apoio formada pelas equipes de Supervisão de Ensino e Assistência Pedagógica, lideradas pela Secretária de Educação.

A formação continuada dos CPs e professores continuou acontecendo, durante todo o ano de 2020, desde quando as aulas presenciais foram suspensas. Os encontros formativos ocorreram pelo *Google Meet*, tendo inicialmente o objetivo de orientar CPs e professores para o uso da Plataforma de atividades *on-line*, e também organizando o ensino com protocolos e orientações que garantissem o trabalho em rede, com a convergência de objetivos e de ações, em todas as escolas.

Com a expectativa de que a situação pandêmica não fosse se estender tanto, as primeiras orientações da Secretaria da Educação, para o desenvolvimento das atividades com os alunos, tinham o caráter de retomada dos conteúdos vistos até então, antes da suspensão das aulas presenciais.

Com a situação pandêmica cada vez mais grave e o isolamento social contabilizando mais de 6 meses, sentimentos de angústia, crises de ansiedade e depressão foram registrados entre os educadores, apontando, para a Secretaria de Educação, a necessidade de promover momentos em que os educadores pudessem ouvir e serem ouvidos, expressando suas angústias, seus medos e compartilhando experiências de como estavam lidando com toda a situação.

Foram, então, realizados encontros formativos com os CPs, dividindo os participantes em salas menores, no *Google Meet*, permitindo que todos expressassem seus sentimentos e vivências na escola, com os familiares dos alunos, com os professores, compartilhando como cada um resolveu cada demanda.

Os encontros formativos coletivos, destinados a todos os educadores, no ano de 2020, também ocorreram com especialistas e palestrantes: Saúde e Bem-Estar; Desenvolvimento Emocional na primeira infância; Tecnologia: Novas possibilidades na Educação; Atividades Psicomotoras e o Desenvolvimento Infantil; Consciência Fonológica; Trabalho com Histórias em Quadrinhos; Direitos de Aprendizagem; Avaliação da Aprendizagem em tempos de pandemia; Educação física em tempos de pandemia; A importância do acolhimento emocional; Autocuidado e Saúde mental durante a pandemia – foram temas das diversas palestras que ocorreram por meio de *lives* (como são chamadas as conversas com transmissões ao vivo pela internet).

Com o retorno às aulas presenciais cada vez mais incerto, e a situação deixando de ser provisória para ser definitiva para o ano de 2020, as orientações da Secretaria da Educação, para o desenvolvimento dos conteúdos, deixou de ser retomada dos conteúdos, para avançar minimamente nos conteúdos, considerando as habilidades essenciais, a partir da BNCC – Base Nacional Comum Curricular. A proposta foi priorizar conteúdos que pudessem ser trabalhados e explicados nesse novo formato de aula, considerando aqueles que serviriam de base para o ano/série subsequente e que estivessem relacionados ao cotidiano dos estudantes. Os professores foram envolvidos na elaboração desse documento que, depois de pronto, norteou o trabalho de toda a rede de ensino.

Se 2020 foi um ano em que nós, educadores, adentramos na era das tecnologias digitais voltadas para o desenvolvimento das aulas, em 2021, já tínhamos condições de avaliar a trajetória percorrida e rever nossas práticas com o intuito de melhorá-la! Analisando algumas atividades que eram postadas na Plataforma de atividades *on-line*, a equipe de Assistência Pedagógica percebeu que era recorrente o uso de um pequeno texto explicativo do conteúdo, seguido de atividades de verificação da aprendizagem, despertando a preocupação de que poderia haver um grande retrocesso ao ensino tradicional. Não que tivéssemos vencido o modelo transmissivo das aulas tradicionais, mas precisávamos mobilizar a rede para tentarmos uma proximidade com os alunos e maior interação, com atividades significativas e que fizessem dos alunos os protagonistas da própria aprendizagem.

O uso de áudios e vídeos, no desenvolvimento das aulas, uma vez que não tínhamos aulas *on-line*, parecia ser um grande passo, depois da implementação da Plataforma *on-line*, em que havia uma maior aproximação com os alunos, ainda que esse formato não permitisse o feedback imediato, as trocas e a percepção do professor em relação aos avanços e dúvidas dos alunos.

A aula que o professor habitualmente desenvolvia na sala de aula e dentro de quatro paredes, ganhava uma outra proporção, com as aulas gravadas, e postadas numa Plataforma digital, alcançando uma dimensão pública, que nem todos estavam dispostos ou preparados para enfrentar, além de exigir um outro conhecimento dos professores: a edição de vídeos e áudios, para além da produção destes.

Compreendemos que, para alguns professores, foi e continua sendo muito difícil lidar com a exposição da sua imagem, ao julgamento das pessoas, lidar com a falta de conhecimento ou habilidade para trabalhar com as novas tecnologias e mídias, e isso foi respeitado, não sendo obrigatória a gravação das aulas por parte do professor.

Para garantir que todos os alunos tivessem explicações dos conteúdos, por meio de videoaulas, a Secretaria de Educação de Mairiporã, por meio da equipe de Assistência Pedagógica, passou a gravar vídeos de algumas aulas, com os conteúdos de Língua Portuguesa e Matemática, a partir de um material único para toda a rede de ensino, chamado Trilhas de Aprendizagem, organizado pela Secretaria Municipal de Educação de São Paulo (SME).

Esse material teve o objetivo de apoiar e contribuir com o trabalho dos professores, contemplar todos os alunos com vídeos explicativos das atividades propostas no caderno Trilhas de Aprendizagem e também oferecer um material único para toda a rede de ensino, uniformizando os conteúdos de Língua Portuguesa e Matemática.

As atividades na Plataforma *on-line* e postadas pelos professores continuaram acontecendo, concomitante a esse material Trilhas de Aprendizagem.

Houve, dentre os professores, muitos que se lançaram ao desafio de produzir videoaulas e áudios explicativos, que auxiliassem o aluno durante as aulas, desobrigando os pais da tarefa de explicar o conteúdo aos alunos. Os materiais produzidos pelos professores eram compartilhados por meio da Plataforma de atividades *on-line* e também encaminhado ao *WhatsApp* da família.

Vimos, nesse momento, nas escolas, a formação de professores acontecendo de maneiras positivas e inesperadas. Houve a formação de verdadeiras comunidades de aprendizagem, envolvendo todos os professores e equipes gestoras. Uns ensinando aos outros, compartilhando ideias e dividindo tarefas. Os que possuíam maior habilidade com as mídias e tecnologias, assumindo as postagens das atividades, enquanto outros planejavam as aulas; ou professores, ensinando como postar atividades, como editar vídeos, compartilhando atividades, debatendo estratégias, compartilhando experiências e descobertas.

É preciso salientar, entretanto, que, assim como em todas as ações, nem sempre tivemos a adesão de todos, mas, o importante é começar, e inspirar o outro à mudança, por meio do exemplo.

A Secretaria de Educação, buscando valorizar o trabalho que alguns professores vinham realizando e animar outros, realizou, então, no início do ano letivo de 2021, um Encontro Formativo, no formato de *live*, com todos os professores da rede de ensino, para que compartilhassem as boas práticas.

Segundo Calvo, "Los saberes de los docentes se dessarollan activamente en procesos de intercambio con sus pares" (CALVO, 2014, p. 112). Por isso, a *live* das boas práticas teve por objetivo possibilitar o protagonismo dos professores e colocar em evidência o trabalho que vinham realizando. Foi o momento em que todos puderam compartilhar suas aprendizagens, ressignificar e refletir sobre as novas formas de ensinar e aprender, representando uma grande aprendizagem coletiva, a partir da experiência do outro.

Essa *live* de boas práticas, assim, foi uma injeção de ânimo para todos, depois de tanto tempo com as aulas suspensas; e, com o retorno às aulas presenciais cada vez mais distante e incerto, era preciso dar um passo além do que tínhamos sido capazes de dar até então.

Os professores que quiseram participar deram depoimentos de como estavam desenvolvendo os vídeos e áudios para seus alunos, enviaram vídeos de seus alunos realizando as atividades propostas, ou então vídeos em que apareciam contando histórias aos alunos, explicando algum conteúdo, conversando, cantando ou desenvolvendo algum projeto.

Dessa *live*, surgiu a ideia, vinda dos próprios professores, de realizar uma outra, em que os professores se apresentariam, indicando, então, os aplicativos que utilizam na edição e gravação dos áudios e vídeos, ensinando a todos como utilizar as diversas ferramentas.

Os alunos também foram envolvidos na produção de vídeos, em que eram convidados a apresentar a leitura de um livro, a exposição de uma pesquisa, explicação e elaboração de uma receita, o comentário de uma notícia, a realização de uma atividade física, dentre tantas outras possibilidades.

A cultura das instituições escolares, que sempre foi marcada historicamente pelo individualismo, curiosamente, num momento em que nos foi imposto um isolamento forçado, por causa da pandemia, registrou o crescimento de comunidades de aprendizagem, em que os professores, para lidarem com uma nova situação, uniram a experiência dos professores mais antigos com a habilidade em lidar com a tecnologia dos mais novatos, compartilharam conhecimentos produzidos, trocaram experiências, se ajudaram mutuamente e dialogaram sobre a prática escolar.

Vimos a escola se tornar, nesse momento pandêmico, no espaço de aprendizagem para todos, uma verdadeira organização aprendente (FULLAN; HARGREAVES, 2000): alunos, profissionais, comunidade em geral e familiares.

Sabemos que trabalhar com uma postura investigativa envolve um processo contínuo de problematização. Pensando nisso, a equipe de Assistência Pedagógica da Secretaria de Educação, em cada encontro formativo com os CPs, promovia o questionamento e reflexão da prática pedagógica, buscando tomadas de decisões mais conscientes e adequadas.

Os professores e CPs foram provocados a pensar sobre:
- ✓ Será que a atividade é desafiadora? Nem muito fácil, nem muito difícil, mas possível para os alunos realizarem sozinhos?
- ✓ Os alunos são desafiados a colocar em jogo tudo o que sabem a respeito do conteúdo?
- ✓ Será que o aluno cuja família não tenha condições de ajudar consegue realizar a tarefa sozinho? O que poderia ser disponibilizado para facilitar a compreensão pelo aluno do que precisa ser realizado?
- ✓ Sem a explicação e intervenção pontual do professor, o quanto é possível avançar em relação aos conteúdos novos?

O processo pedagógico, durante esses dois anos de pandemia, foi discutido exaustivamente. Reuniões com a Secretária de Educação, equipes de Supervisão de Ensino, Assistência Pedagógica, equipes de Gestores (Diretores, Vice-diretores e Coordenadores Pedagógicos) e Professores, foram constantes, pois o replanejamento e organização do ensino estavam sendo traçados praticamente dia a dia. Não tínhamos o caminho... ele estava sendo construído durante o caminhar. Ainda que incerto, advinda de uma situação inédita, foi muito discutido, refletido, ponderado, avaliado.

Em alguns momentos, os Encontros Formativos voltados aos coordenadores ocorreram com todo o grupo, com orientações gerais, e, em outros momentos, o grupo foi dividido em grupos menores, tendo por objetivo uma maior aproximação e interação entre os pares.

Em 2021, as formações com os CPs e Professores, por meio de *lives* continuaram acontecendo, com temas como: "Como cuidar da saúde mental e das competências socioemocionais do educador", "Programa Compasso socioemocional", "Educação Infantil em tempos de pandemia da COVID-19", "Boas práticas: De Professor para Professor", "HTPC literário", "*Live* pedagógica de alinhamento das ações do Ensino fundamental para o 2º Bimestre de 2021", "*Live* do CEMAD – Centro Municipal de Apoio e Desenvolvimento – Boas práticas", "Ensino Híbrido e Metodologias Ativas de Aprendizagem".

Nessas *lives*, os quase quinhentos profissionais da rede de ensino de Mairiporã puderam assistir juntos à apresentação de seus colegas professores, apresentando suas boas práticas, ou então palestrantes convidados, interagindo por meio do chat eletrônico. A mediação dessas *lives*, no ano de 2021, foram realizadas pela própria Secretária de Educação, que é também presidente da UNDIME – União Nacional dos Dirigentes Municipais de Educação.

Após um ano e meio desde a suspensão das aulas presenciais, a rede de ensino de Mairiporã, agora, se prepara para retornar às aulas presenciais.

Nós não tivemos tempo de nos preparar para vivenciar a suspensão das aulas presenciais, mas o retorno às aulas, ainda que não tenhamos uma data definida, deve ser um momento planejado, para que seja o mais seguro possível.

Dessa forma, a Secretaria de Educação montou um comitê de retorno às aulas presenciais, com a representatividade de gestores escolares, médicos, conselheiros da educação, mantenedores de escolas particulares, supervisores de ensino, professores, pais de alunos e funcionários das escolas, para planejarem como deve ser esse retorno, por meio de protocolos de segurança: higienização das mãos, distanciamento social, utilização de máscaras, escalonamento dos alunos, organização dos espaços da escola, evitando aglomerações na entrada, saída e recreio, um processo que envolveu a discussão e construção coletiva, além de articular diferentes setores, como Educação, Saúde e Assistência Social.

A partir do protocolo geral organizado pelo comitê, as equipes gestoras de cada escola, juntamente com seu grupo de docentes, organizaram seu próprio protocolo de retorno às aulas presenciais. Foi um momento que garantiu a participação de toda a comunidade escolar, envolvendo debates e discussões na construção de um documento particular que atendesse às especificidades de cada escola: quantidade de alunos, espaço físico da sala de aula, quantidade de portões de entrada, quantidade de banheiros, condições do refeitório para garantir o distanciamento, quantidade de funcionários da limpeza, estabelecimento de rodízios entre grupos de alunos, com a diminuição do número de alunos por sala de aula; escalonamento dos horários de entrada, saída e recreio, evitando aglomerações; demarcações e sinalizações para que os alunos mantenham uma distância segura entre si; compras necessárias (álcool gel, sabonete líquido, papel toalha, termômetro, *dispenser* para álcool em gel, fita zebrada para isolamento de áreas) etc.

Funcionários, professores e equipes gestoras participaram de treinamento com médico pediatra e também com especialista em segurança do trabalho, com o objetivo de esclarecer dúvidas e estabelecer protocolos de segurança.

As famílias também estão sendo envolvidas nesse processo de organização para o retorno às aulas presenciais, por meio de consulta quanto à intenção ou não em mandar os filhos à escola, além de receberem orientações, por meio de uma cartilha elaborada pelo comitê.

Importante também termos em mente que os alunos não estarão retornando das férias, mas estarão retornando de um longo período de suspensão das aulas, cada um com uma marca positiva ou negativa advinda das experiências vividas, no período de isolamento, tendo possíveis desdobramentos em seu desenvolvimento emocional, social e também na aprendizagem. Os alunos precisarão ser acolhidos, ouvidos, adaptados de novo à rotina das aulas, assim como as famílias, professores e funcionários.

A Secretaria de Educação, à frente da organização do retorno gradual às aulas presenciais, tem dedicado atenção à saúde emocional e física dos profissionais e dos estudantes, à organização do calendário escolar e à elaboração de uma avaliação diagnóstica inicial, que permita traçar estratégias de recuperação da aprendizagem, num trabalho conjunto com as equipes gestoras e os professores.

O legado que pandemia nos deixa

Chama-nos atenção, na rede de ensino do município de Mairiporã, que, se, por um lado, a pandemia potencializou as dificuldades educacionais, aprofundou a defasagem na aprendizagem e colocou em evidência as diferenças socioeconômicas dos alunos da rede pública, por outro lado, deixa um legado positivo de cooperação, união e reinvenção das práticas pedagógicas, por parte dos profissionais da educação.

Testemunhamos o crescimento de comunidades de aprendizagens entre os professores e gestores, no enfrentamento das dificuldades apresentadas pela suspensão das aulas presenciais, buscando sempre novas possibilidades.

Foi um momento em que, da perspectiva das políticas públicas, vimos a Saúde, a Educação e a Assistência Social trabalharem conjuntamente em prol dos mais vulneráveis, num trabalho intersetorial e integrado.

Outro legado positivo que a pandemia deixa, além das comunidades de aprendizagem entre os professores, é o aprofundamento da relação e estreitamento dos vínculos entre escola e a família.

A escola esteve em contato com todos os alunos e suas famílias, desde a suspensão das aulas presenciais, por meio do *WhatsApp*, *e-mail*, busca ativa nas casas, entrega de materiais escolares, entrega de atividades escolares, entrega de cestas de complementação alimentar, atendimento presencial na escola para orientações, esclarecimentos de dúvidas e até apoio emocional.

A escola conheceu de perto a realidade das famílias dos alunos e as famílias também tiveram oportunidade de conhecer melhor o professor e valorizar o seu trabalho.

Atentos às demandas e necessidades que iam surgindo, a Secretaria da Educação, por meio da equipe de Assistência Pedagógica e Supervisão de Ensino, foi propondo encontros formativos, a partir de diagnósticos e identificação de necessidades, para, com base nisso, tentar encontrar soluções no e com o grupo (CANÁRIO,1998), nos mais variados formatos: *lives*, reuniões por meio do *Google Meet*, chamadas de vídeo com cada equipe escolar, em atendimento individualizado e coletivo, destinadas aos coordenadores, gestores escolares e professores, e com os mais variados temas, planejados com a intenção de promover momentos de acolhimento e escuta, orientações pontuais das principais ações coletivas, e principalmente, a reflexão crítica sobre a prática pedagógica, possibilitando e estimulando a colaboração entre os professores, gestores e equipes técnicas (FULLAN; HARGREAVES, 2000).

A formação continuada de professores e Coordenadores Pedagógicos continuou ocorrendo, desde a suspensão das aulas presenciais e, embora impedida de ocorrer presencialmente e sem poder contar com a preciosa interação dos participantes, ajustou-se ao modelo remoto, oportunidade em que, seja pelo *Google Meet*, ou por meio de *lives*, todos tiveram acesso às orientações e também palestras com temas relevantes, interagindo por meio do chat eletrônico.

Os Encontros Formativos das equipes gestoras e professores, organizados pela Secretaria de Educação, buscaram criar condições para a renovação e recomposição do trabalho pedagógico, no plano individual e coletivo (NÓVOA, 2017).

Considerando o momento histórico tão peculiar, os educadores foram orientados a realizarem estudos das realidades escolares e do trabalho docente, refletindo sobre as ações, sobre as atividades propostas aos alunos e realizando adaptações para o momento.

Como já dissemos, a educação não parou! Pelo contrário, ela foi além, e deu lições de superação, reinvenção, cidadania, solidariedade, empatia, acolhimento e senso de responsabilidade coletiva. São avanços e aprendizagens que precisam ser mantidos e ampliados, no momento pós-pandemia, pois é o que se deseja e pelo que se luta, quando nós, educadores, nos comprometemos com a melhoria da educação de nossas crianças e jovens da escola pública!

Referências

CALVO, G. Desarrollo professional docente: el aprendizaje profesional colaborativo. In: *Temas críticos para formular nuevas políticas docentes en América Latina y el Caribe: el debate actual*. Estrategia Regional sobre Docentes. OREALC/UNESCO, Santiago, 2014.

CANÁRIO, R. A escola: o lugar onde os professores aprendem. *Revista Psicologia da Educação. Programa de Estudos Pós-Graduados em Educação: Psicologia da Educação*. PUC-SP, n. 6, pp. 9-27, jan./jun. 1998.

FULLAN, M. & HARGREAVES, A. *A escola como organização aprendente: buscando uma educação de qualidade*. Porto Alegre: Artmed, 2000.

NÓVOA, A. Firmar a posição como professor, afirmar a profissão docente. *Cad. Pesqui.* [on-line]. 2017, v. 47, n. 166, pp. 1106-1133. ISSN 0100-1574. Disponível em: <https://doi.org/10.1590/198053144843>. Acesso em: 11 maio 2021.

Saberes para coordenação pedagógica: quais são e onde aprender

Luiza H. S. Christov[1]
(luiza.christov@unesp.br)

Apresentação

Essa pesquisa foi realizada em 1998, 1999 e 2000. Sua apresentação pública para obtenção do título de doutorado aconteceu em maio de 2001, junto à PUC/SP, sob orientação da Profa. Dra. Vera Placco. Completa, portanto, 20 anos, nesse 2021. Embora apresentada e debatida em congressos e diversos fóruns de reflexão junto a coordenadores pedagógicos, não foi publicada em livro e tampouco nessa coleção voltada especialmente para estes profissionais tão importantes para a formação que acontece em serviço, nas diferentes redes de ensino do país. O encontro com coordenadores e professores no último ano – 2020 – atestaram a atualidade dos achados dessa pesquisa, o que motiva sua presente publicação.

A pesquisa teve como objetivo principal identificar e analisar os saberes necessários ao coordenador pedagógico em seu cotidiano, nas escolas da rede estadual em São Paulo.

Foram ouvidos coordenadores em diferentes regiões do estado de Sao Paulo, por meio de grupos focais e realizado o acompanhamento de uma coordenadora pedagógica, em uma escola da capital,

---

1. Professora Doutora do Instituto de Artes da UNESP e de A Casa Tombada – lugar de arte, cultura e educação.

durante um ano letivo, três vezes por semana. Todos os grupos ouvidos enfatizaram a importância dos saberes das relações interpessoais.

Os saberes destacados pelos coordenadores pedagógicos, há 20 anos, confundem-se com os saberes apontados nessa segunda década do século XXI. E, considerando-se os desafios impostos pela trágica pandemia que chegou ao Brasil, em fevereiro de 2020, os saberes associados à escuta, ao diálogo, aos cuidados de natureza intelectual e emocional dos professores tornam-se fundamentais para o acolhimento no processo de reflexão que acontece dentro da escola.

Os saberes necessários à coordenação pedagógica

Ouvi coordenadores pedagógicos por meio de grupos focais em todos o estado de São Paulo. Recortei a rede estadual de educação de São Paulo como território para a pesquisa. Acompanhei uma coordenadora – Maria Aparecida Imperatori – durante um ano, três vezes por semana, em escola estadual da capital paulista.

Perguntei aos diferentes grupos: quais os saberes que consideravam necessários para o exercício da coordenação pedagógica e constatei, no cotidiano de uma coordenadora, os saberes que ela acionava e construía.

Como primeiro movimento de aproximação, os saberes identificados pelos coordenadores dessa pesquisa foram organizados em três grupos, apresentados no quadro que se segue.

Quadro de classificação dos saberes		
Grupo 1 Teorias pedagógicas	Grupo 2 Saberes das relações interpessoais	Grupo 3 Saberes específicos da coordenação
Conhecer teorias de como avaliar; Conhecer novas teorias pedagógicas;	Dialogar; construir relação de confiança; ter jogo de cintura, mediar conflitos; enfrentar as resistências de diretores, professores e pais de alunos;	Criar respostas e soluções para os mais diferentes problemas; Improvisar, fazer de tudo um pouco.

continuação...

Conhecer novas propostas educacionais, como os Parâmetros Curriculares Nacionais; Ensinar a ensinar; Ensinar a pesquisar; Saber coisas que se estuda, como as teorias modernas de educação; Saber parte teórica; Conhecer nossa realidade social.	Ser líder legítimo – reconhecido pelos demais atores da escola; Saber sorrir e dar paulada, brincando; Tirar gentilmente do professor as qualidades do grupo; Ser simpático, ser comunicativo, superar timidez; Ter resposta certa para o professor na hora certa; Ser paciente com professores e diretores; Saber se dar bem com os professores, ser psicólogo, comandante e amigo; Saber coisas que não aprende na escola, como lidar com as pessoas e apagar fogueira; "saber para que estou ali", Saber conquistar, ser humilde, saber tratar bem as pessoas; Saber falar com quem não quer ouvir, saber ser ouvido e exercer sua autoridade, saber impor nossa importância; Saber obter o reconhecimento dos professores e da escola sem autoritarismo; Saber resgatar o vínculo com o saber; É preciso uma competência afetiva que deve ser planejada e não condenada e criticada.	Organizar o trabalho em equipe, Fazer regência do coletivo; Saber dar respostas e direcionar o seu grupo; É preciso saber o que é o trabalho coletivo; Colocar um breque e priorizar tempo para preparar reuniões com os professores; Ser solidário; Saber ouvir; Reconhecer que a gente erra; Operacionalizar as reivindicações dos professores. Ajudar o professor a pensar.

No **primeiro grupo**, situo os saberes associados às teorias pedagógicas, às teorias educacionais mais amplas e de ensino em particular. Constituem saberes que são trabalhados na escola de educação inicial ou continuada e que têm origem, predominantemente, em pesquisas nas áreas de Didática, Psicologia da Educação, Psicologia, Política Educacional, Filosofia, Sociologia e História da Educação.

No **segundo grupo**, destaco os saberes interpessoais por eles citados como necessários e que, também, podem ser identificados com o campo teórico da Psicologia. No **terceiro grupo**, localizo os saberes associados, pelos coordenadores, à prática da coordenação.

Se os saberes das teorias pedagógicas, apesar de valorizados, não foram de imediato citados pelos coordenadores ouvidos na pesquisa, o que identifiquei como saberes das relações interpessoais foram imediatamente citados por todos, nas diferentes regiões do estado de São Paulo. Disseram:

> *"é preciso saber dialogar"*
> *"é preciso saber construir relação de confiança"*
> *"é preciso ter jogo de cintura"*
> *"é preciso saber sorrir e dar paulada"*
> *"é preciso saber conquistar"*
> *"é preciso saber ouvir e ser paciente"*
> *"é preciso uma competência afetiva"*
> *"é preciso ter psicologia"*

As respostas foram tão espontâneas e sem hesitação que chamaram minha atenção, no sentido de considerar evidente a necessidade dos saberes associados às relações interpessoais para a função dos coordenadores. A observação do cotidiano de uma coordenadora foi conduzindo, também, à constatação de que o âmbito dos saberes relacionais merece toda a atenção por parte de quem pesquisa e pratica a orientação de educadores.

Todos os coordenadores desta pesquisa apontaram, com ênfase, como saberes necessários à coordenação, o conjunto de competências que requerem uma efetiva comunicação entre coordenadores e demais atores da escola. É preciso saber se relacionar com os professores, com a direção, com os funcionários, com os alunos e suas famílias, para a construção de uma prática educacional com bons resultados quanto à aprendizagem e crescimento cultural de alunos e profissionais da escola.

Embora seja possível uma aproximação deste saber interpessoal ao campo da Psicologia, ciência da pessoa e de suas relações com o mundo, não foi como um saber científico que os coordenadores fizeram referência à competência afetiva exigida para o exercício da coordenação. Esta pesquisa registra mais do que uma afirmação associando tais saberes ao âmbito da vivência cotidiana, àquilo que "se aprende na vida" e com as relações. Quando afirmaram que é preciso ter Psicologia, usaram justamente o verbo *ter* e não *conhecer* ou *saber*. Como se fizessem referência a uma ferramenta e não a um conhecimento cientificamente elaborado. Aliás, esta representação social da Psicologia é bastante recorrente no discurso do senso comum. É muito interessante pensar que, quando consideramos outras ciências, não ouvimos expressões como "é preciso *ter* muita biologia para cuidar de animais domésticos" ou "é preciso *ter* matemática para fazer compras" ou, ainda, "é preciso *ter* medicina para cuidar da própria saúde ou da saúde dos filhos". Este desejo de *ter* uma ciência para se realizar bem uma tarefa parece, de fato, mais associado à Psicologia, no dizer do senso comum e no universo da Língua Portuguesa.

A afirmação *ter Psicologia* é uma forma abreviada de se dizer *ter o domínio da ciência psicológica* ou *ter conhecimento aprofundado de Psicologia* ou, ainda, *ter habilidades previstas/ compreendidas/postuladas pela Psicologia para o bom relacionamento interpessoal*. Ter Psicologia representa, pois, ter domínio das habilidades exigidas para o relacionamento interpessoal.

Pensemos um pouco sobre estas habilidades. Segundo os coordenadores pedagógicos, estas seriam, fundamentalmente: saber ouvir; saber dialogar; enfrentar com paciência as resistências dos professores às mudanças; construir relações de confiança com os mesmos, ser flexível/não rígido. São habilidades necessárias a qualquer coordenador, em qualquer espaço de atuação profissional ou cultural em geral. Mas, tratando-se de um coordenador em processo e espaço educacional por excelência, tratando-se de coordenadores pedagógicos, tais habilidades tornam-se inquestionavelmente necessárias para a garantia da autonomia intelectual dos professores, que, em processo homólogo, devem favorecer a autonomia intelectual de seus alunos. Se o compromisso educacional não incluir a autonomia intelectual, a relação interpessoal entre educandos e educador – quer sejam professores e alunos ou coordenadores e professores – não exigirá o diálogo, a tolerância, o saber ouvir, o superar resistências em relação de confiança.

Assim, os saberes interpessoais citados pelos coordenadores só têm sentido em um processo educacional do qual se espera o crescimento intelectual autônomo de todos os envolvidos, incluindo o educador/coordenador, bem como a construção coletiva, compartilhada do projeto de escola. Só fazem sentido em uma perspectiva democrática para a implementação de um projeto de escola.

Se a Psicologia traz os aportes teóricos para a compreensão e para a construção de saberes interpessoais e os conflitos que cercam a comunicação entre diferentes sujeitos, a Psicologia da Educação, em particular, é o âmbito que situa tais saberes no contexto das relações entre professores e alunos, educadores e educandos, abarcando assim, professores e coordenadores pedagógicos na complexidade de um espaço educacional, que, no caso específico desta pesquisa, diz respeito ao espaço das escolas da rede estadual de ensino em São Paulo.

É interessante notar que o *ter psicologia* do senso comum está associado a uma postura de diálogo, compreensão e troca. Está associado aos princípios de uma interação dialógica e defendida pelas teorias educacionais desde Sócrates, com o método maiêutico, que conduzia o aluno ao parto de suas próprias ideias, passando por Montaigne, com sua valorização das cabeças bem-feitas mais do que das cabeças bem cheias e aportando nas teorias da Psicologia da Educação mais divulgadas e traduzidas para as salas de aula, como, por exemplo, Piaget, Vygotsky e Wallon.

Os saberes interpessoais destacados pelos coordenadores pedagógicos, nesta pesquisa, sinalizam um determinado modo de se relacionar com os professores: o modo que favorece o crescimento pessoal e profissional de cada um. Isto não é pouca coisa quando se trata de preocupação manifesta pelos coordenadores. Eles afirmam precisar saber se relacionar em confiança e em liderança legitimada e construída dialogicamente com os professores. E mais: deram-se conta disso na prática cotidiana da coordenação.

O esforço de uma efetiva comunicação com os professores, mediado pelos conhecimentos pedagógicos e pelas qualidades pessoais e interpessoais dos coordenadores, constitui a linha de uma rede cujos pontos interligados são o conjunto dos três grupos de conhecimentos necessários aos coordenadores da rede estadual. Somente no interior desta rede é possível a compreensão do sentido atribuído pelos coordenadores aos conhecimentos pedagógicos: o saber fazer a coordenação.

Os saberes das teorias pedagógicas, os saberes do campo das relações interpessoais enredam-se no saber fazer a coordenação. Compõem a sabedoria necessária ao cotidiano dos coordenadores pedagógicos. A distinção entre estes saberes, para melhor compreendê-los, não deve excluir a perspectiva de que os mesmos constituem uma rede cujo movimento de cada ponto provoca movimentos em todo o tecido.

Para os participantes desta pesquisa, é importante conhecer para saber fazer a coordenação e saber fazer é comunicar o conhecimento. E aqui temos um novo movimento de distinções que precisam ser evidenciadas. **Conhecimento** e **saber** distinguem-se nas falas de alguns coordenadores por mim ouvidos, pois *saber* é, para eles, saber fazer e *conhecer* é associado a conhecer a realidade e conhecer as teorias.

Tal constatação levou-me a pensar que, além de serem necessários diferentes saberes: teóricos, pedagógicos, interpessoais, são necessárias também, ou sobretudo, uma relação diferente com o conhecimento e uma concepção particular de conhecimento, de teoria, de ciência. Torna-se necessária uma aproximação que faça o coordenador superar o nível de mero espectador das descobertas alheias, dos especialistas, para uma aproximação interpretativa, criadora de sentidos e de respostas adequadas ao espaço e tempo de cada escola.

Muitos dos entraves na comunicação entre coordenadores e professores ou mesmo entre os supervisores e coordenadores ocorrem porque o conhecimento é apresentado aos educadores como se fosse emprestado de um especialista, de um autor reconhecido, e não para se fazer corpo e integrar repertório de quem aprende como resultado de uma elaboração própria. (KINCHELOE, 1997). A contribuição de Kincheloe fundamenta o entendimento de que é preciso uma outra epistemologia, voltada para a criticidade e para a reflexão, superando a postura de mero espectador com relação ao real e ao conhecimento, incorporando questionamentos, incertezas e dúvidas. Somente assim pode-se falar em se aprender por meio da reflexão na ação. O pensar só pode ser analisado em espaços de vida, em experiências vivenciais. Os conhecimentos sobre a ação docente e, portanto, o pensamento do professor só pode ser compreendido, segundo este referencial, a partir das relações por ele estabelecidas em determinado contexto, em determinada escola ou ação educacional.

Encontrei vários indícios, nas afirmações dos coordenadores e nas observações do cotidiano de uma coordenadora, de que eles elaboram saberes relacionando referências teóricas diversas com as questões e problemas impostos pela experiência cotidiana.

Diante da pergunta sobre os conhecimentos necessários à sua função, os coordenadores respondem, de imediato, que precisam *saber fazer* a coordenação. E este saber inclui relacionar-se bem com os professores, diretores, pais e alunos. É algo que abarca conhecimento, competência e saber se relacionar. É algo denso, mais completo e mais complexo que saber pedagogia, que saber ser simpático, que saber só um lado das coisas. É o saber ajudar os professores a construírem sentidos para a própria ação e para a escola.

Penso ter construído, até aqui, algumas sugestões para compreendermos a natureza dos saberes necessários aos coordenadores pedagógicos. São saberes que se relacionam em rede, sem predomínio de uns sobre os outros e referem-se aos âmbitos da ciência pedagógica, da psicologia, das relações interpessoais, das trajetórias de vida pessoal e profissional dos coordenadores, mas, fundamentalmente, da experiência vivencial permitida pela complexidade dos sistemas de ensino, em São Paulo e no Brasil.

Onde e como se aprende os saberes necessários à coordenação pedagógica

Estariam nossos cursos que preparam educadores, em nível superior ou no Ensino Médio, adequados ao desenvolvimento dos saberes indicados pelos coordenadores dessa pesquisa como necessários? Estariam as escolas, nas quais os coordenadores atuam como profissionais, preparadas para se constituírem em espaços de aprendizagem? E a realidade cultural brasileira? Seria este um contexto de oportunidades para o desenvolvimento pessoal e profissional dos coordenadores, considerando-se o Brasil como continente de suas trajetórias culturais individuais?

Tais questões anunciam e exigem novas pesquisas. Mas, podemos nos aproximar das questões acima, a partir dos elementos de minha experiência e de minha escuta de educadores por todo o país.

Nos cursos que habilitam professores para o exercício de sua função, quer seja no ensino médio ou superior, o acúmulo de informação mais que o exercício de reflexão ainda é valor que leva a uma prática marcada por entraves à autonomia intelectual. Reproduções em xerox de textos clássicos; muita explicação e pouca compreensão. O que vale é o momento da prova. Sem análises sobre os temas estudados ou sobre conflitos pertinentes ao fazer pedagógico. O mais importante é que o professor deixe o texto original para ser xerocopiado pelos alunos antes da prova. Sem pesquisa. Sem debate. Mas, com muitos seminários entremeados de interdições da voz própria e de hipóteses erráticas, constrangimentos e tensões. Cabeças cheias. Vazias de reflexão.

Segundo Schön (2000), a epistemologia da escola ocasiona distâncias entre o saber escolar e a compreensão espontânea dos alunos e, no caso da formação de professores, ocorre uma distância entre o saber privilegiado da escola e o modo espontâneo como os professores encaram o ensino. Esta distância se dá porque a epistemologia assumida pela formação inicial, na maioria das licenciaturas, baseia-se na crença em respostas exatas e em uma visão de que os conhecimentos científicos produzidos externamente à experiência dos professores são suficientes para que estes últimos atuem de forma adequada, primeiramente nos estágios e, depois, no exercício da profissão.

Para Schön (2000), o rompimento com a epistemologia escolar/universitária tradicional seria possível através do *aprender fazendo*. Seria um processo semelhante ao aprendizado que se dá nas artes ou no esporte, com o treino físico. Seria equivalente, ainda, à aprendizagem profissional. A este processo, Schön denomina de aprender num practicum reflexivo: os alunos aprendem na presença de um tutor que os envolve num diálogo de palavras e de desempenho. Seria um aprendizado por imitação e, para aqueles que acreditam ser a imitação um processo pouco reflexivo, Schön adverte que, para imitar, é preciso compreender o essencial sobre a ação a ser imitada.

Kincheloe (1997) nos adverte que a concepção tecnicista, que acredita no valor da transmissão de conhecimentos científicos produzidos exteriormente às práticas culturais cotidianas para transformação destas, ignora as formas através das quais a identidade individual é estruturada e elabora saberes. Nossa individualidade se faz em contextos culturais complexos e a compreensão destes contextos, bem como nossa formação para neles atuarmos, exigem novas abordagens epistemológicas.

Schön e Kincheloe aproximam-se ao defenderem a ruptura com as epistemologias tradicionais de formação, baseadas na concepção de que conhecimentos científicos transmitidos anteriormente à experiência profissional garantem o bom exercício da profissão. Aproximam-se ao defenderem uma formação inicial fundamentada em contextos reais de atuação e uma formação no espaço da profissão.

Confirmando esta postulação, os coordenadores participantes desta pesquisa afirmaram que não aprenderam, na escola de sua formação inicial, os saberes necessários à coordenação, mas que muito aprenderam nos programas de capacitação que foram oferecidos pela Secretaria de Estado da Educação, em São Paulo e no fazer cotidiano das escolas em que trabalham.

Podemos nos perguntar, ainda, quais as condições ou quais as características do lugar de se aprender a fazer a coordenação.

O entrelaçamento entre formação inicial e continuada, entre a vida cultural dos educadores que tem lugar para além dos muros da escola e a rotina da escola oferece o território mais amplo para os aprendizados da profissão. Não existe um lugar único. Mas, potencializar oportunidades de aprendizados é compromisso das políticas públicas do campo educacional. Uma exigência desse compromisso está em identificar condições para se aprender mais e de forma permanente.

Proponho, como critérios para o entrelaçamento entre estes diferentes contextos, a noção de "vida boa" de Rogers (1999); a noção de conhecimento como rede e a perspectiva ética democrática.

Para esse autor, a "vida boa" ou "vida plena" não é um estado fixo, com ausência de tensões e conflitos, com a satisfação plena dos desejos. Não é o nirvana ou o estado de virtude e contentamento. Trata-se, ao contrário, de um processo, de uma direção e não de um destino.

A experiência do autor como terapeuta levou-o a caracterizar este processo a partir da cura observada em seus pacientes, ou seja, a partir das transformações efetivamente estabelecidas com a terapia. Pelo menos três características interessam a quem pratica e pesquisa sobre formação docente. São elas:

- uma abertura crescente à experiência;
- um aumento da vivência existencial;
- uma tendência à criatividade.

Constatamos que os coordenadores pedagógicos que participaram desta pesquisa encontraram na escola na qual trabalham o espaço mais adequado para construírem os saberes necessários à coordenação. Porém, observamos, também, no acompanhamento de uma escola durante um ano letivo, que as condições cotidianas impedem reflexão, sistematização e desenvolvimento de plano de formação dos educadores.

Ao contexto de atuação profissional seria interessante a incorporação refletida das representações e conceituações dos educadores e das análises sobre políticas educacionais, sobre teorias pedagógicas, sobre alunos, sobre as famílias e sobre a profissão do educador.

Os esforços na direção destes entrelaçamentos poderiam, talvez, favorecer a criação de valorizações do espaço escolar como lugar de aprender sempre e aprender com, como sugere uma tão conhecida frase de Paulo Freire: "Ninguém educa ninguém, como tampouco ninguém se educa a si mesmo: os homens se educam em comunhão, mediatizados pelo mundo." (FREIRE, 2005, p. 78).

Para finalizar

Além da identificação e análise dos saberes necessários à coordenação pedagógica, outros aprendizados puderam ser elaborados no processo da pesquisa. Constatei, uma vez mais, que as escolas são espaços de surpresas e de saberes que se colocam entrelaçando ciência, senso comum, religião, boa vontade, má vontade, justificativas, ideologias e reflexão.

São espaços de elaboração de saberes muitas vezes negados ou silenciados por políticas de formação dos educadores.

Os coordenadores pedagógicos, ouvidos nessa pesquisa, por sua vez,

➢ são criadores de uma experiência, buscando enredar saberes das teorias pedagógicas e saberes interpessoais na prática da coordenação;
➢ fundam suas representações em teorias pedagógicas, no discurso educacional oficial e nas necessidades de comunicação com os professores que coordenam, sob a perspectiva de um relacionamento interpessoal/educacional democrático;
➢ objetivam ser líderes legítimos, não autoritários, para os professores;
➢ associam relação de confiança à postura democrática;
➢ sinalizam a possibilidade de contraposição às práticas autoritárias, desrespeitosas e provocadoras de silêncios, vigentes no território cultural brasileiro;
➢ concebem escola como espaço de desafios, conflitos e crescimento;
➢ não identificam as escolas de formação inicial como espaços de aprendizagens dos saberes necessários à coordenação pedagógica;
➢ reconhecem que as escolas nas quais atuam profissionalmente oferecem melhores condições para que elaborem saberes necessários à própria prática.

E, por fim, ousei afirmar, com essa pesquisa, que os saberes das relações interpessoais, como: dialogar, criar relação de confiança e incentivar autonomia dos professores são motivados por perspectiva democrática de escola, de cidade, de país. Se assim não fosse, bastaria um mecanismo de controle e punição para que professores pudessem obedecer aos coordenadores pedagógicos.

As tensões e medos instalados nos espaços educacionais pela pandemia que, no momento de fechamento desse texto, ainda se prolonga no Brasil, tem exigido dos educadores esforços redobrados para cumprir a função pública e ética de educar e, dos coordenadores pedagógicos, o que se espera é o acolhimento das dores, lutos e esforços dos professores e professoras para acertar, não apenas em termos da manipulação tecnológica das plataformas digitais e recursos diversos que, às pressas, tivemos que aprender a usar. Mas, sobretudo, acredita-se que os coordenadores pedagógicos podem ajudar na invenção, a partir da experiência de cada professor e professora, de um novo modo de fazer escola, garantindo inclusão e referências para a edificação de uma nova forma de ocupar a vida pública, tornando a cidade um lugar bom para todos.

Referências

FREIRE, P. *Pedagogia do oprimido*. Rio de Janeiro: Paz e Terra, [49]2005.

KINCHELOE, J. L. *A formação do professor como compromisso político: mapeando o pós-moderno*. Porto Alegre: Artes Médicas, 1997.

ROGERS, C. *Tornar-se pessoa*. São Paulo: Martins Fontes, 1999.

SCHÖN, D. *Educando o profissional reflexivo: um novo designe para o ensino e a aprendizagem*. Porto Alegre: Artes Médicas, 2000.

As orientações técnicas aos coordenadores pedagógicos e o enfrentamento pedagógico da pandemia

Michael de Oliveira Lemos[1]
(lemosmichael@hotmail.com)
Laurinda Ramalho de Almeida[2]
(laurinda@pucsp.br)

> *[...] uma questão se coloca: quem vai cuidar para que o coordenador pedagógico possa desempenhar suas atividades?*
> (Almeida, 2015b, p. 58)

Sempre defendi a formação continuada em serviço e percebo a importância de a Secretaria da Educação do Estado de São Paulo (SEE-SP) oferecer e garantir tal formação a todos os seus servidores.

Como professor especialista[3] que sou, compreendo as Atividades de Trabalho Pedagógico Coletivas (ATPCs) como um momento

---
1. Mestre em Educação, Formação de Formadores, pela Pontifícia Universidade Católica de São Paulo (PUC-SP), professor da rede estadual de ensino de São Paulo e da rede municipal de ensino de São Paulo.
2. Professora do Programa de Estudos Pós-graduados em Educação: Psicologia da Educação, do Programa de Estudos Pós-graduados em Educação: Formação de Formadores, ambos da PUC-SP, e orientadora da dissertação de mestrado na qual este texto está fundamentado.
3. O termo "professor especialista" é usado para designar o professor formado em licenciatura específica, por exemplo, história, geografia, matemática, entre outras licenciaturas para a educação básica.

importante em minha formação continuada em serviço; percebo que a presença do Coordenador Pedagógico[4] (CP) possibilita-me elaborar reflexões sobre a prática pedagógica. Entretanto, noto também que há fragilidades nesses momentos de formação, tanto em relação à condução e à organização dessas reuniões, como nas abordagens teóricas. Foram essas percepções que me levaram a definir como meu objeto de pesquisa no mestrado as formações de que os CPs participam nos órgãos competentes da SEE-SP, por meio das Orientações Técnicas (OTs).

As OTs estão no bojo da formação continuada que a SEE-SP oferece a seus servidores, e os CPs fazem parte desse público, como esclarece a Resolução nº 62/2017 (SÃO PAULO, 2017, arts. 1º e 2º – Grifos meus):

> Artigo 1º – As ações de formação continuada dos integrantes do Quadro do Magistério – QM, sob a responsabilidade da Escola de Formação e Aperfeiçoamento dos Professores do Estado de São Paulo "Paulo Renato Costa Souza" – Efape, far-se-ão pela oferta de cursos e **orientações técnicas** na conformidade da política de formação dos servidores integrantes desse Quadro e das necessidades apontadas pelas unidades da Pasta.
>
> Artigo 2º – Entendem-se como ações de formação continuada dos integrantes do Quadro do Magistério – QM, sob responsabilidade da Escola de Formação e Aperfeiçoamento dos Professores do Estado de São Paulo "Paulo Renato Costa Souza" – Efape, os cursos e as **orientações técnicas** regulados pela presente resolução.

Em ambos os artigos e em outros da referida resolução, observa-se que as OTs fazem parte da formação continuada dos integrantes do Quadro do Magistério (QM), assim como os cursos desenvolvidos pela Escola de Formação e Aperfeiçoamento dos Profissionais da Educação do Estado de São Paulo (Efape). Observa-se também, na

---

4. Na rede pública estadual de São Paulo a coordenação pedagógica é exercida por professores que são designados Professores Coordenadores pois é função e não cargo, no entanto neste texto usarei a denominação Coordenador Pedagógico.

continuidade da resolução, que os órgãos regionais, como as Diretorias de Ensino (DEs), poderão desenvolver as OTs para todos os integrantes do QM. Assim, os coordenadores devem participar dessas reuniões que são oferecidas nas DEs e organizadas por Professores Coordenadores dos Núcleos Pedagógicos (PCNPs).

Alguns questionamentos ajudaram-me a buscar reflexões sobre as OTs de que os CPs participam: como esses profissionais percebem essas Orientações? Quais são seus desejos e suas necessidades? As OTs auxiliam os CPs? Tais questões me instigaram a desenvolver a pesquisa sobre essa temática, embora reconhecendo que as OTs não contemplam a totalidade da formação continuada, mas são parte dela.

Nas escolas estaduais de São Paulo, o CP é o responsável pela formação dos professores nas ATPCs e essa formação não foi interrompida durante a pandemia de COVID-19 que estamos vivenciando. Apesar de quase todos os funcionários das escolas estaduais terem trabalhado de forma remota em todo o ano de 2020, a gestão escolar esteve nas escolas e conseguiu continuar com seus afazeres. Os CPs não reduziram as ATPCs e seguiram com as reflexões semanais junto às equipes de professores. Igualmente, os PCNPs seguiram trabalhando nas DEs.

Diante da pandemia que assola o mundo, trazendo angústia, sofrimento e luto, perceber que o trabalho nas escolas estaduais não parou, é motivo de orgulho. Então, outras questões surgiram: de que maneira os CPs desenvolveram sua função de formadores durante o ano de 2020? Quais foram as estratégias adotadas nas ATPCs? Como esses profissionais sentiram-se à frente de uma equipe docente que não esteve presencialmente na escola, mas que trabalhou remotamente durante todo o ano letivo?

Tais questionamentos levaram-me a dar continuidade às entrevistas reflexivas que eu havia iniciado em dezembro de 2020 com três CPs, sobre suas percepções a respeito das OTs de que participam. Sendo assim, este texto apresenta os achados de uma pesquisa de mestrado profissional, realizada no âmbito do Programa de Estudos Pós-graduados em Educação: Formação de Formadores (Formep), da PUC-SP, sobre as OTs de que participam os CPs da rede estadual de ensino de São Paulo. Como complemento, abordo também as percepções desses profissionais sobre o enfrentamento da pandemia durante 2020.

Desta forma, para este texto, apresento dois objetivos: 1) compreender como os CPs percebem as OTs advindas do Núcleo Pedagógico de uma DE e 2) apresentar as percepções dos CPs sobre o enfrentamento pedagógico da pandemia.

A pesquisa e seus sujeitos

Participaram da pesquisa três CPs que atuam nos anos finais do Ensino Fundamental (EF) e no Ensino Médio (EM) de Escolas sediadas em municípios da Grande São Paulo. Esses profissionais estão na coordenação há mais de dois anos e participaram de OTs antes e durante o período da pandemia. Neste texto, eles serão identificados com os nomes fictícios Júlia, Débora e Roberto.

Após a construção do quadro teórico, que contou com autores e autoras que pesquisam a formação continuada de professores, entre os quais Imbernón (2010), Zeichner (1993), Almeida (2015a; 2015b), Placco, Almeida e Souza (2015), Silva (2019) e Pessoa (2015), realizei as entrevistas reflexivas amparando-me em Szymanski (2000) e Almeida, Prandini e Szymanski (2018), autoras que também trouxeram importantes informações para o estudo.

Vale mencionar que, para o levantamento das informações, as entrevistas reflexivas foram muito importantes, pois permitiram a construção de conhecimentos para todos os envolvidos: pesquisador e pesquisados. Os CPs participantes explicitaram que a entrevista lhes trouxe uma reflexão sobre as OTs que lhes possibilitou elaborar novas pautas formativas.

A questão desencadeadora feita aos três coordenadores foi: "Gostaria que você me contasse como vê a Orientação Técnica (OT) que participa na DE, pensando em sua função de CP".

Realizei duas entrevistas com cada participante sobre suas percepções em relação às OTs e uma terceira entrevista com Débora e Roberto, pelo aplicativo *WhatsApp*, para o levantamento das informações sobre o enfrentamento pedagógico da pandemia.

O que dizem os sujeitos

Durante o processo de análise das entrevistas, percebi que as falas dos entrevistados oscilavam entre o vivido e o desejado por eles, ou seja, percebi que falavam sobre o que tinham e o que queriam ter, e isso levou-me aos núcleos temáticos e às categorias que integram as discussões. Para o presente texto, escolhi trazer apenas um núcleo temático com suas quatro categorias:

Quadro 1. Núcleo temático e suas categorias	
Núcleo temático	Categorias
OT: entre o vivido e o desejado	Formação x informação
	Formação em cascata
	O vivido
	O desejado

Fonte: elaborado pelo pesquisador.

A primeira categoria discutida foi "Formação x informação". Foi possível identificar que os três entrevistados percebem que, nas OTs, há uma incidência maior de informação que de formação. Exemplo disso é a fala de Júlia:

> As OTs da DE, embora devessem ter um caráter formativo, há algum tempo, há alguns anos, elas têm um caráter informativo [...]. (Júlia)

Júlia percebe que as OTs poderiam ser formativas, e posso inferir, a partir do contexto geral das entrevistas, que ela nota que a informação não garante a formação.

Outro ponto a ser destacado em sua fala é que o aspecto da informação perdura há algum tempo. A CP percebe que isso não é recente. Por estar na coordenação há nove anos e no magistério, há 14, Júlia tem condições de perceber as diferenças que as OTs apresentaram ao longo do tempo. É possível inferir que a coordenadora faz uma comparação – *"há algum tempo, há alguns anos"* –, deixando transparecer que já houve momentos em que as OTs foram diferentes.

A mesma ideia de tempo é passada por Débora, uma coordenadora mais experiente, com 15 anos na coordenação pedagógica que tem possibilidades ainda maiores de trazer à tona suas percepções sobre as OTs:

> [...] como falei, ultimamente, é como se fala mesmo na educação bancária, deposita informação... informação. (Débora)

Roberto, coordenador há 3 anos corrobora com a afirmação de Debora:

> [...] então tem um aspecto de formação, mas, na verdade, é informação. (Roberto)

Julia ainda acrescenta que:

> [...] elas dão ciência de materiais formativos, disponibilizados pela SEE-SP, e apontam os caminhos já detalhados, impostos ou elaborados pela SEE-SP. Então, do ponto de vista da formação do coordenador pedagógico, ela contribui no sentido da informação. (Júlia)

Sobre a formação preestabelecida pela SEE-SP de que nos fala Júlia, encontro em Almeida (2015a, p. 86) um alerta: "Toda vez que os professores recebem um pacote pronto de formação, por melhor que ele seja, tem sentido e lógica para seus planejadores, mas nem sempre para os que serão seus executores". Assim, para Júlia, a formação elaborada pela SEE-SP não necessariamente tem o mesmo sentido para planejadores e executores. Para a coordenadora, *"os caminhos já detalhados, impostos ou elaborados pela SEE-SP"* estão no bojo das informações. A coordenadora ressalta que essas informações contribuem para a formação do coordenador pedagógico, entretanto, o que fica claro na continuidade da entrevista de Júlia e dos outros dois coordenadores é que apenas a informação não garante a formação, ou seja, há de se ter um equilíbrio, como nos diz Débora:

> Então, eu acho assim, poderia ser uma mescla... porque algumas coisas que vêm da Secretaria da Educação, como antigamente..., a gente só ficava sabendo através de redes, e a acabávamos

> *tirando a nossa própria interpretação dentro da escola... Às vezes, tinha que fazer algum tipo de documentação; então enviávamos e eles devolviam, porque não era bem aquilo que eles estavam pensando... enfim, por falta mesmo desse tipo de orientação, dessa replicação.* (Débora)

A coordenadora percebe a importância das informações transmitidas pela SEE-SP, entretanto propõe uma mescla entre informações (necessárias, pois a escola faz parte de uma rede de ensino) e formações.

A segunda categoria que apresento neste texto baseia-se na formação em cascata. Essa é a lógica da formação que a SEE-SP tem aplicado nas OTs. Para esclarecer o termo "formação em cascata", valho-me do que dizem Gatti e Barreto (2009, apud SILVA, 2019, p. 131):

> Não raro o modelo de capacitação segue as características de um modelo em "cascata", no qual um primeiro grupo de profissionais é capacitado e transforma-se em capacitador de um novo grupo que, por sua vez, capacita um grupo seguinte. Mediante esse procedimento, que geralmente percorre os diferentes escalões da administração dos extensos sistemas de ensino, corpo técnico pedagógico, supervisores regionais, professores especialistas, embora permita envolver um contingente profissional bastante expressivo em termos numéricos, tem-se mostrado pouco efetivo quando se trata de difundir os fundamentos de uma reforma em suas nuances, profundidade e implicações.

A explicação das autoras leva-me a perceber, de forma geral, como se dá a formação em cascata. É possível notar como essa lógica pode ser atraente para o estado de São Paulo, com um grande contingente de profissionais na área da educação. No entanto, Pessoa (2015, p. 48) aponta a fragilidade desse modelo:

> Concebida em instâncias superiores da educação (ao nível da SE, por exemplo), desconsiderando características e necessidades próprias dos diferentes contextos em que o ensino ocorre, o modelo de formação em cascata faz um "repasse" de conteúdos

ou propostas didático-metodológicas, de modo descendente, iniciando nas esferas hierarquicamente superiores até chegar ao professor na escola.

Devo dizer que, como educador da rede estadual paulista há oito anos, participei de inúmeras OTs, e nunca ouvi o termo "formação em cascata", mas percebo essa lógica na prática cotidiana do PCNP e do CP.

A terceira e a quarta categorias tratam especificamente do vivido e do desejado pelos CPs nas OTs. É importante lembrar que, ao saírem de suas escolas a caminho da DE, para participarem presencialmente das OTs, ou mesmo por videochamada, como aconteceu em 2020 e está acontecendo em 2021, os CPs carregam consigo seus sonhos, sentimentos, fragilidades e expectativas. Entretanto, no decorrer das entrevistas, essas particularidades pareceram-me não estar representadas nas OTs, como indicam as falas de Júlia e Débora:

> *E cabe assim ressaltar que esse mecanismo adotado pelas OTs transformou esses momentos em desabafo e reclamações dos CPs, ou então de um passeio; os CPs vão lá e ouvem o que tem que ser ouvido, assinam a lista que comprova as suas presenças e ouvem, apenas ouvem.* (Júlia)
>
> *A sequência didática... é assim... "Agora você, professor coordenador, vai fazer isso, isso e isso"... Então, é muito engessado, fechado.* (Débora)

Julia e Debora explicitam que não desejam ser ouvintes passivas. Querem participar, querem que suas necessidades formativas sejam atendidas.

Pego emprestadas algumas palavras de Imbernón (2010, p. 40), para tentar compreender os motivos que levam essas CPs a se sentirem apenas ouvintes em seus processos formativos: "*[talvez]* um dos motivos seja o predomínio ainda da formação de caráter transmissor, com a supremacia de uma teoria que é passada de forma descontextualizada".

Zeichner (1993) refere-se à necessidade do componente reflexivo nos processos formativos e não a mera reprodução de passos ou procedimentos de outros.

Após perceber o vivido pelos CPs, busquei entender o que desejavam, quais eram suas expectativas. Júlia e Débora apresentam isso com clareza:

> *[...] é que elas* [as OTs] *deveriam se ocupar da prática pedagógica... e não apenas dar informação, não apenas dar ciência dos requerimentos ou das comandas.* (Júlia)
> *Eu tenho certeza que as formações deveriam ter o caráter de formação, e não só de multiplicação e de informação.* (Débora)

As duas coordenadoras lembram, mais uma vez, que a informação não garante a formação; que é necessário pensar no pedagógico, e não apenas garantir a multiplicação de procedimentos, por melhores que sejam, sem reflexão. Nesse sentido, Débora relembra suas experiências em OT anteriores, quando suas necessidades eram atendidas:

> *[...] então, eu tive bastante OT em anos anteriores e, em algumas, a gente sentia que tinha mais autonomia. Às vezes, os PCNPs atendiam os nossos pedidos para fazerem alguma orientação sobre assuntos que a gente sentia uma certa necessidade de ter mais orientações [...].* (Débora)

Nesse caminho de reflexão, concordo com Imbernón (2010): deve haver contextualização na formação continuada e tal contextualização deve colocar as necessidades formativas dos coordenadores em primeiro plano. Ressalto que não se trata de culpabilizar os PCNPs, pois, como lembra a coordenadora Débora, esses profissionais também precisam de autonomia para desenvolver suas atividades.

Percebo, na fala de Débora, uma ligação entre o vivido e o desejado, pois a coordenadora recorda o que já viveu e o coloca como desejado. Acredito que tal percepção seja importante, pois as OTs têm uma dimensão formativa e, como menciona a coordenadora, já possibilitaram que o desejado fosse alcançado, que as necessidades formativas dos coordenadores fossem consideradas e discutidas. Assim, acredito que este seja o caminho das OTs: que nelas se possa refletir sobre o vivido e o desejado.

As OTs são importantes para os sujeitos que participaram da pesquisa. Entretanto, há arestas a serem aparadas; há de se fazer reflexões sobre a participação dos CPs nessas reuniões. Acredito que a OT deve continuar fazendo parte da formação continuada dos CPs, pois representam um momento no qual os coordenadores podem expressar-se, trocar experiências, aprender, refletir sobre sua prática. Porém, os entrevistados deram alguns recados: tragam informações, mas formação também; deem autonomia, mas ajuda também.

O coordenador pedagógico e o enfrentamento pedagógico da pandemia

Passarei agora ao segundo objetivo proposto para este texto: apresentar as percepções dos CPs sobre o enfrentamento pedagógico da pandemia. Desta vez, busquei a percepção dos sujeitos sobre seus papéis como formadores de professores, diante de uma pandemia que impediu que estudantes e funcionários estivessem nas escolas. Apresento as percepções da coordenadora Débora e do coordenador Roberto, que estiveram à frente da coordenação pedagógica de uma escola estadual, durante 2020.

A questão desencadeadora foi: "Enquanto formador, como você vivenciou a pandemia?". Eis as respostas dos coordenadores:

> [...] foi bastante desgastante, principalmente pelo fato de constatar que muitos professores não dominavam o mínimo em tecnologia. (Débora)
>
> [...] no que diz respeito à formação, houve muita resistência, e eu acho que essa resistência tem a ver com o cansaço com que muitos professores chegam para as ATPCs [...]. (Roberto)

Apesar de as novas tecnologias estarem à disposição de muitas pessoas e adentrarem nossas vidas cotidianamente, Débora percebe que há um número significativo de professores que não dominam algumas tecnologias de comunicação que, neste momento, estão sendo usadas para garantir a continuidade dos serviços prestados à população. Débora entende que foi desgastante, porque, ao mesmo tempo que deveria se preocupar com a formação continuada do professor – nos temas diretamente relacionados com a aprendizagem dos estudantes –, deveria também incluir, nessa formação, a aprendizagem das novas tecnologias, e isso fez com que o trabalho da coordenação ficasse ainda mais desgastante.

É importante lembrar que as ferramentas tecnológicas vão além da comunicação direta em reuniões de ATPC ou nas aulas remotas. Os professores devem saber, por exemplo, como corrigir atividades pelas telas dos computadores, qual a maneira e o momento de fazer a intervenção com os estudantes e como preencher toda a parte burocrática necessária à prestação de contas do seu trabalho e do desempenho dos alunos para os órgãos competentes. Percebo, então, que a formação de professores, no período da pandemia, ganhou mais um conteúdo: as novas tecnologias, que a coordenadora em destaque articula com os demais temas da formação de professores.

Por outro lado, há um desgaste percebido por Roberto, que reporta ao fato de os professores chegarem cansados às ATPCs. Segundo ele, tal cansaço pode gerar resistências às atividades formativas. Roberto também põe em destaque as possibilidades que descobriu:

> [...] como formador, a pandemia, em minha opinião, possibilitou uma gama de possibilidades de estudo e reflexão. Nesse aspecto, eu admito que foi um ponto extremamente positivo que, de verdade, independente do fim da pandemia, da quarentena, deveria ser olhada com bons olhos o tipo de formação que foi dada. (Roberto)

Roberto, apesar de perceber o cansaço e os problemas trazidos pela pandemia, nota que foi possível estudar, refletir, durante a quarentena e, mais que isso, que a formação continuada de educadores não se dá apenas nas ATPCs, mas em cursos, atividades e leituras fora da escola, desde que haja planejamento e incentivo do CP.

No enfrentamento pedagógico da pandemia, Débora faz referência a uma questão bastante importante para professores e gestores: a avaliação do ensino e da aprendizagem. A coordenadora refere-se à avaliação que os professores fizeram durante todo o processo e que foi alvo de estudos ao longo do ano. Uma das percepções de

Débora refere-se a culpabilizar os estudantes, sem levar em conta seus contextos de vida:

> [...] a resistência por parte dos professores entenderem que não poderíamos punir os estudantes por não realizarem as atividades, sem conhecer o real motivo. (Débora)

A avaliação sempre foi um tema muito discutido em reuniões e cursos de formação de professores. Com minha experiência em sala de aula, percebo que esse é um assunto complexo que, durante a pandemia, ganhou contornos ainda mais difíceis. Muito cuidado foi tomado, ao longo do ano de 2020, pois muitos estudantes de escolas públicas, além de não terem os recursos básicos para acessar as plataformas digitais criadas pela SEE-SP para a manutenção dos estudos, apresentavam dificuldades com algumas tecnologias necessárias para isso. Sendo assim, a avaliação educacional ganhou mais um complicador neste momento, e muitas dúvidas, angústias e inseguranças para efetivar o processo de avaliação recaíram sobre os professores e os CPs.

Por causa das inseguranças e dos medos que tivemos ao longo de 2020 (nos quais me incluo), Roberto fala dos cuidados que tomou, durante as formações:

> [...] então era um cuidado que eu já tomava, pra que a formação possa ser produtiva... assim como a gente faz em sala, para que a aula seja muito mais dialógica, que exista participação e que seja mais leve também [...] parte da formação que a gente se dispôs a fazer não foi on-line, ali, no próprio momento. Então, nós sugeríamos algumas atividades que, durante alguns dias, eles – os professores – poderiam estar realizando a partir de um documentário, de um texto; algumas reflexões formativas, estudo de caso; então, eles faziam também no seu tempo. (Roberto)

O CP em destaque traz sua preocupação com a formação e com o bem-estar de seus professores, pois não queria fazer da formação um fardo. Roberto ainda traz informações importantes que justificam suas decisões nos cuidados que teve, ao longo do ano, no processo de formação de professores:

> [...] não só para que as ATPCs fossem mais produtivas, mas para que as pessoas pudessem corresponder, sentir-se bem e produzir de maneira mais adequada; então a maneira de acessá-los [os professores] também teve que mudar. (Roberto)

O CP retoma a ideia das adequações que fez ao longo de 2020, pois percebeu que, para alcançar seu objetivo, que era a participação e a produção dos professores durante a formação, não poderia seguir com a mesma lógica de antes; havia necessidade de adequações no processo de formação continuada para o enfrentamento pedagógico da pandemia.

Roberto diz ainda que tomou cuidados na formação de professores, tal qual ele tomava com os alunos, quando era professor. Esse traço da característica identitária do coordenador está em consonância com um achado da pesquisa de Placco, Almeida e Souza (2015, p. 20), quando as autoras dizem que: "O processo de construção identitária dos CPs tem sua base nas experiências vividas por eles enquanto docentes". É isso que se pode notar, nas contribuições de Roberto, durante a formação que ministrou a seus professores em 2020, pois ele sabe que, em tempos anteriores à pandemia, já havia a necessidade de cuidar da formação continuada de seus professores, para que esse momento fosse realmente de formação. Diante da pandemia, essa necessidade aumentou e tornou-se indispensável.

Nesse sentido, é importante lembrar das palavras de Almeida (2015b, p. 44), que nos orienta sobre o cuidar: "a escola também deve ser organizada para o cuidar e a formação para o cuidar deve fazer parte de seus objetivos". Assim, o que Roberto fez em suas ATPCs, durante 2020, é o que salienta a autora, pois o CP considerou não somente os conhecimentos prévios de seus formandos, mas também pensou no momento que todos estavam vivendo.

Roberto segue com a justificativa de suas ações:

> [...] o que eu estou querendo dizer é que o formato no qual nós mantivemos a ATPC, em 2020, sugeriria que eu não poderia simplesmente estabelecer o mesmo tipo de lógica que fazemos no presencial [...] (Roberto)

O coordenador logo percebeu que os meios não eram os mesmos dos anos anteriores e que, desta forma, teria que transformar a maneira de acessar os professores; percebeu que não poderia seguir com o mesmo modelo de formação, portanto suas estratégias de abordagem, durante as ATPCs, foram transformadas, ao longo do ano, para não apresentarem o mesmo tipo de lógica do que se fazia no presencial. Isso também está em consonância com o que nos orienta Almeida (2015b), quando a autora fala da importância do cuidar de si, lembrando que o CP tem tarefa dobrada nesse sentido, pois cuida do seu fazer e do fazer do professor. Percebo que foi nesse movimento de cuidar que Roberto não quis continuar com a mesma abordagem de anos anteriores. Uma vez percebido que o cenário não era o mesmo, o coordenador cuidou para que a formação e a abordagem aos professores mudassem também.

No que diz respeito à sensibilidade de perceber a realidade do professor, durante as formações nas ATPCs de 2020, Roberto afirma:

> [...] era uma maneira de adequar a formação à plataforma então disponível, adequar a relação do tempo, levando em conta as condições objetivas dos professores. E a impressão que eu tenho é que, nesse aspecto, foi, sim, muito positivo. (Roberto)

Há uma avaliação do coordenador sobre suas interações com a equipe de professores. Roberto teve o cuidado de perceber as condições prévias desses profissionais, assim como fez a coordenadora Débora, ao perceber as fragilidades dos docentes com relação a algumas ferramentas de comunicação.

A partir das falas dos entrevistados, percebo que diferentes aspectos foram observados pelos coordenadores, na tentativa de desenvolver a formação dos professores: condições objetivas que todos estavam vivendo e adequação da formação à plataforma disponível, atendimento às fragilidades relacionadas às tecnologias de comunicação, além da percepção sobre a avaliação que, em tempos de pandemia, ganhou ainda mais complexidade. E isso também é cuidar da formação continuada de professores.

Considerações finais

O recorte de pesquisa aqui apresentado teve como objetivos: 1) compreender como os CPs percebem as OTs advindas do Núcleo Pedagógico de uma DE e 2) apresentar as percepções dos CPs sobre o enfrentamento pedagógico da pandemia.

Para retomar o primeiro objetivo, recorro às palavras finais de minha dissertação (LEMOS, 2021, p. 102):

> [...] os sujeitos desta pesquisa [...] percebem as OTs como um momento de muita importância para a sua formação continuada e a de seus professores, pois é nelas que se informam, formam, trocam, discutem, aprendem, lamentam-se, passeiam, reclamam... Tudo isso nas OTs. Tudo isso é formação continuada.

Os sujeitos participantes da pesquisa percebem, nas OTs, um emaranhado de emoções e sentimentos que aparecem juntamente com aprendizagens, e percebem, sobretudo, que estão em seu próprio processo de formação continuada. É importante lembrar que os sujeitos demonstram que as OTs são mais que simples reuniões nas quais a SEE-SP pode informar suas decisões e multiplicar procedimentos. Como trazido na citação anterior, nas OTs, os coordenadores trocam, discutem, aprendem, lamentam e fazem tudo isso porque estão em conjunto, estão no coletivo; portanto, usam os momentos das OTs para se constituírem também como Coordenadores Pedagógicos.

Os CPs participantes não compreendem as OTs desarticuladas de outros agentes da educação, pois os professores, os diretores, os supervisores e os PCNPs também aparecem em suas percepções, e isso me leva a compreender que as OTs fazem parte de uma rede e que muitos sujeitos a integram. Também é possível compreender que todos esses agentes levam às OTs mais complexidade do que se pode imaginar, que não transparece na legislação consultada.

Os CPs percebem que as OTs privilegiam as informações em detrimento das formações; em muitos momentos, os coordenadores reportam-se às diferenças entre informar e formar. Para os CPs, informar é notificar o que a SEE-SP definiu, enquanto formar é levar à discussão e reflexão, bem como respeitar a realidade de cada escola para a aplicação das proposições da SEE-SP.

Os coordenadores também percebem que as OTs são distantes de suas realidades, o que pode promover o desinteresse na participação de tais reuniões, além do fato de que a falta de autonomia não colabora para a implementação, na escola, daquilo que é concebido na SEE-SP.

Com relação ao segundo objetivo proposto – apresentar as percepções dos CPs sobre o enfrentamento pedagógico da pandemia –, posso destacar que, apesar do medo e das angústias, Roberto e Débora não deixaram a formação continuada e investiram esforços e sensibilidade nas ATPCs.

Percebo, nas falas dos coordenadores, diferentes estratégias formativas, como leitura de textos, apresentação de documentários, estudo de caso, entre outras que foram discutidas ao longo do ano, sem deixar de considerar o cansaço e as fragilidades dos docentes, mas reconhecendo também suas potencialidades.

Ainda sobre como os coordenadores enfrentaram a pandemia, em suas reuniões de formação de professores, destaco a preocupação com o aprendizado docente no que diz respeito às tecnologias de comunicação e às discussões sobre avaliação da aprendizagem dos alunos que, como já explicitado em linhas anteriores, ganhou ainda mais complexidade com a pandemia.

Os CPs entrevistados enfrentaram a pandemia articulando os conteúdos formativos às novas tecnologias, pois perceberam que essa era uma fragilidade dos professores que formavam.

Sobre a importância das atividades presenciais, Roberto nos diz:

> *Como formador, de fato, o presencial é muito mais importante, porque não é só a resposta daquilo que a gente se propõe a elaborar; é sentir a resposta na postura corporal, como as pessoas estão entrando ou não naquele processo que você está se dispondo a dialogar com eles...* (Roberto)

Apesar de perceber que o presencial é mais importante, pois é a partir da proximidade das relações que os vínculos são mais facilmente estabelecidos, o CP também ressalta em falas anteriores que de nada adianta formar no virtual imitando o presencial. Apesar das restrições, o coordenador assume que a formação atual é diferente; que agora precisa pensar em novas estratégias formativas.

Para finalizar, volto à epígrafe que embasa este texto e a dissertação que o fundamenta: "uma questão se coloca: quem vai cuidar para que o coordenador pedagógico possa desempenhar suas atividades?" (ALMEIDA, 2015b, p. 58). Compreendo que as OTs são uma forma de cuidado para que o CP desempenhe suas atividades, pois podem ser momentos em que se pode levar ao coletivo as reflexões de cada coordenador, não deixando esse profissional sozinho com seus afazeres e suas decisões.

As OTs são, como disseram os participantes, tanto antes da pandemia como no transcorrer dela, momentos importantes que acontecem de formas múltiplas e distintas, que estão imbricadas em uma rede. Insisto em lembrar que, para as OTs conseguirem auxiliar o coordenador, é necessário ouvi-lo.

As OTs, desde que organizadas e desenvolvidas considerando que cada escola tem suas especificidades (AZANHA, 1983), respeitando as potencialidades e as fragilidades de cada coordenador, contextualizando as formações (IMBERNÓN, 2010), formando e informando cada CP, podem, sim, cuidar para que o coordenador desempenhe bem suas atividades. Esses são alguns dos ajustes para aparar as arestas que a questão de Almeida (2015b) suscita.

Referências

ALMEIDA, L. R. A dimensão relacional no processo de formação docente: uma abordagem possível. In: BRUNO, E. B. G.; ALMEIDA, L. R.; CHRISTOV, L. H. S. (orgs.). *O coordenador pedagógico e a formação docente*. São Paulo: Loyola, 2015a, pp. 78-87

ALMEIDA, L. R. O coordenador pedagógico e a questão do cuidar. In: ALMEIDA, L. R.; PLACCO, V. M. N. S. (orgs.). *O coordenador pedagógico e as questões da contemporaneidade*. São Paulo: Loyola, 2015b, pp. 41-60.

ALMEIDA, L. R.; PRANDINI, R. C. A. R.; SZYMANSKI, H. (orgs.). *A entrevista na pesquisa em educação: a prática reflexiva*. Campinas: Autores Associados, [5]2018.

AZANHA, J. M. P. *Educação: alguns escritos*. São Paulo: Editora Nacional, 1983. Disponível em: <https://www.scielo.br/pdf/ep/v30n2/v30n2a15.pdf>. Acesso em: 20 maio 2021.

IMBERNÓN, F. *Formação continuada de professores*. Juliana dos Santos Padilha (trad.). Porto Alegre: Artmed, 2010.

LEMOS, M. O. *Orientação técnica para Coordenadores Pedagógicos: marcas da atuação de seus formadores*, 2021. 173 f. Dissertação (Mestrado Profissional em Educação: Formação de Formadores) – Pontifícia Universidade Católica de São Paulo, São Paulo, 2021.

PESSOA, L. C. *Trilhares que ensinam: incursões em experiências formativas portuguesas para ressignificação de modelos formativos brasileiros*, 2015. 181 f. Tese (Doutorado em Educação: Psicologia da Educação) – Pontifícia Universidade Católica de São Paulo, São Paulo, 2015.

PLACCO, V. M. N. S.; ALMEIDA, L. R. SOUZA, V. L. T. O retrato do coordenador pedagógico brasileiro: nuanças das funções articuladoras e transformadoras. In: PLACCO, V. M. N. S. ALMEIDA, L. R. (orgs.) *O coordenador pedagógico no espaço escolar: articulador, formador e transformador*. São Paulo: Loyola, 2015, pp. 9-25.

SÃO PAULO (Estado). Resolução SE n° 62, de 11 de dezembro de 2017. Dispõe sobre o desenvolvimento e a oferta de cursos e orientações técnicas para os integrantes do Quadro do Magistério – QM, na conformidade das competências e atribuições estabelecidas para a Escola de Formação e Aperfeiçoamento dos Professores do Estado de São Paulo "Paulo Renato Costa Souza" – EFAP, pelo Decreto 57.141, de 18-7-2011. *Diário Oficial – Executivo*, Seção I, São Paulo, 12 dez. 2017.

SILVA, J. M. S. *Diferentes caminhos para formação docente estratégias empregadas por coordenadores pedagógicos*, 2019. 279 f. Tese (Doutorado em Educação: Psicologia da Educação) – Pontifícia Universidade Católica de São Paulo, São Paulo, 2019.

SZYMANSKI, H. Entrevista reflexiva: um olhar psicológico para a entrevista em pesquisa. *Psicologia da Educação*, São Paulo, n. 10/11, pp. 193-215, 2000. Disponível em: 110 <https://revistas.pucsp.br/index.php/psicoeduca/article/view/41414/27906>. Acesso em: 07 out. 2020.

ZEICHNER, K. M. *A formação reflexiva de professores: ideias e práticas*. Lisboa: Educa, 1993.

Aprendizagens em tempos de pandemia: a voz do professor e a escuta do coordenador pedagógico

Laurizete Ferragut Passos[1]
(laurizetefer@gmail.com)
Ana Lucia Madsen Gomboeff[2]
(analu.madsen@gmail.com)
Helga Porto Miranda[3]
(helgaportopc@gmail.com)

No início de 2020, um novo vírus denominado SARS-CoV-2, da família do Coronavírus, chegou ao Brasil, provocando uma situação pandêmica que demandou práticas de isolamento social, entre outras medidas, e gerou muitas internações hospitalares e mortes. No momento em que esse artigo foi produzido, o número de vidas

---

1. Doutora em Educação. Professora e Coordenadora do Programa de Estudos Pós-graduados em Educação: Mestrado Profissional Formação de Formadores. Professora do Programa de Estudos Pós-graduados em Educação-Psicologia da Educação da Pontifícia Universidade Católica de São Paulo – PUC-SP. Membro da Rede de Estudos e Pesquisas sobre Desenvolvimento Profissional Docente (Redep).
2. Doutoranda em Educação: Psicologia da Educação e Mestre em Educação: Formação de Formadores pela PUC-SP. Membro da Rede de Estudos e Pesquisas sobre Desenvolvimento Profissional Docente (Redep). Membro do Grupo de Estudos de Linguagem para Ensino de Português (Gelep). Coordenadora Pedagógica da Rede Municipal de Ensino de São Paulo.
3. Doutora em Educação: Currículo pela PUC/SP. Mestre em Educação de Jovens e Adultos pela UNEB-BA. Membro do Grupo de Formação de Professores e Cotidiano Escolar. Professora Assistente da Universidade do Estado da Bahia (UNEB-BA).

perdidas no país ultrapassava a marca de quinhentas mil. Diante desse cenário, escolas públicas e particulares do país foram fechadas e o ensino remoto entrou em cena. Os profissionais da educação foram desafiados a penetrar noutra lógica de atuação e experimentar dinâmicas de ensinar e aprender em um novo formato escolar.

Na Rede Municipal de Educação de São Paulo (RMESP), o processo de ensino-aprendizagem, nesse contexto de pandemia, foi planejado de modo a prever a utilização de livro impresso, Trilhas de Aprendizagem, produzido pela Secretaria Municipal de Ensino (SME) e entregue na casa dos alunos pelo correio, e, de modo complementar, pela plataforma digital denominada *Google Classroom*. A partir desses encaminhamentos, os professores precisaram adaptar as práticas pedagógicas para o novo contexto, num curto período de tempo e, ainda, aprender o manejo das ferramentas tecnológicas, de forma aligeirada, por intermédio de uma única *live* organizada pela SME.

Além desse complexo desafio, a SME, por intermédio da Circular n°19/2020, informativo digital encaminhado às escolas semanalmente, alterou as regras de funcionamento do Projeto Especial de Ação (PEA), plano de formação continuada elaborado coletivamente a partir das demandas da unidade escolar. O PEA assegura aos participantes a remuneração de quatro horas-aula de 45 minutos semanais destinadas à formação continuada e também pontuação no final do ano letivo, desde que cumprida 85% de frequência da sua carga horária total. Essa pontuação é utilizada na evolução funcional e traz benefícios salariais ao longo da carreira para o professor.

Esse informativo digital suspendeu o direito a essa pontuação e desobrigou que nessas quatro horas-aula semanais fosse desenvolvida a formação continuada com base no plano de formação elaborado pelo coordenador pedagógico em conjunto com o corpo docente antes da pandemia. Desse modo, muitos professores optaram por não frequentar esse horário de formação e os que continuaram em função da obrigatoriedade da sua jornada de trabalho, permaneceram desmotivados.

Tal situação configurou um desafio a mais para o coordenador pedagógico diante da complexa e difícil tarefa de reunir de modo virtual o corpo docente para mediar a reestruturação do processo de ensino e de aprendizagem. A não participação dos professores nos momentos destinados ao PEA demandou atendimento remoto aos professores, organizados e divididos em várias reuniões virtuais durante o dia, duplicando, assim, o trabalho do coordenador pedagógico.

Outro desafio enfrentado por esse profissional e que exigiu maior atenção nesse período, diz respeito à falta de articulação que, muitas vezes, é presente entre os profissionais que compõem a equipe gestora (diretor, assistente de diretor e coordenador pedagógico). Importante destacar que as atribuições do diretor abarcam a dimensão administrativa e pedagógica do trabalho desenvolvido na escola. No entanto, na maioria das vezes, o trabalho pedagógico é repassado unicamente para o coordenador pedagógico que acaba assumindo funções que não são só suas, mas de toda equipe gestora (SOUZA; PETRONI; DUGNANI, 2015). Somado a isso, recorrentemente, esse profissional arca com tarefas burocráticas que lhes são impostas pelos diretores que "embora afirmem valorizar as funções pedagógicas dos coordenadores pedagógicos, na realidade acreditam que eles devem atender às múltiplas necessidades cotidianas da escola" também (PLACCO; SOUZA, 2012, p. 12).

Durante a pandemia isso não foi diferente. Além de desenvolver o trabalho pedagógico sozinho, salvo as exceções, o coordenador pedagógico, muitas vezes, foi convocado para cumprir plantões na unidade escolar e, com isso, o seu fazer foi ampliado pelas ações que o momento exigia, como: entregar cesta básica, cartão merenda e livro didático (o qual passou a ser entregue pela escola e não pelos Correios), entre outras tarefas que fogem das suas atribuições.

Apesar dos diversos desafios, muitos coordenadores pedagógicos continuaram desenvolvendo a formação continuada que se mostrou mais relevante nesse contexto atípico e desafiador. Novas questões se impuseram aos professores e coordenadores pedagógicos de várias escolas dessa rede de ensino, especialmente dentre os que julgaram necessário dar continuidade à formação continuada a partir das necessidades do momento: como garantir a "pedagocididade" (FREIRE, 1996, p. 45) desse espaço configurado agora de forma virtual e, portanto, em formato não antes trabalhado? Como proporcionar um diálogo entre os conhecimentos que se constituíram em referências aos professores e os novos conhecimentos emergentes? Quais conhecimentos foram objeto de atenção? O que os professores aprenderam nas formações ocorridas em ambiente virtual?

Partindo do pressuposto de que essas questões trazem para discussão o processo de escuta do coordenador pedagógico como condição essencial dos processos formativos, especialmente, nessa fase da pandemia, buscou-se ouvir professores sobre seus conhecimentos e aprendizagens nos processos de formação continuada e, a partir disso, contribuir com apontamentos para o trabalho do coordenador pedagógico em ambiente remoto.

Para isso, foram analisados depoimentos de vinte professores de diferentes Diretorias Regionais de Educação, da RMESP, coletados por meio de questionário, composto de questões fechadas e abertas, encaminhado por meio de *WhatsApp*. O processo de análise dos dados foi empreendido por meio da Análise de Prosa (ANDRÉ, 1983).

O objetivo deste texto é identificar e analisar se e como ocorreram aprendizagens por parte dos professores na formação continuada desenvolvida em ambiente virtual, na direção de elaborar apontamentos para nortear o trabalho do coordenador pedagógico.

Conhecimentos e aprendizagens do professor e suas possibilidades no ambiente remoto

Michel Serres (2017), ao analisar a época atual, anuncia que as novas tecnologias alteram nossos vínculos, nossas vizinhanças, e pode-se acrescentar, nossas relações com os parceiros de trabalho. Um dado trazido pelo autor quando menciona as novas tecnologias, e que se revela importante quando se trata dos professores e gestores, é que elas alteram a relação com o saber e os modos de acesso a eles. Partindo da ideia de que a conexão substitui o coletivo, o autor sublinha que "o mais ignorante de nós tem hoje acesso bastante fácil a maior quantidade de conhecimentos que o maior sábio do mundo ontem". (SERRES, 2017, p. 25).

Sem descuidar do questionamento decorrente da citação do autor de que esse acesso ampliado pode se referir tanto ao conhecimento como à informação, outro emerge de forma provocativa: quais mudanças esse acesso fácil e ampliado aos conhecimentos/informações tem provocado nas formas como as escolas se organizam e, especialmente, em relação aos processos de aprendizagem profissional dos professores?

As respostas a essa questão implicam compreender o processo complexo, idiossincrático e multidimensional de tornar-se professor, como sublinha Flores (2010), no qual a autora destaca o aprender a ensinar, o aprender a aprender, o saber ser e estar e o saber conviver como competências que são adquiridas ou desenvolvidas numa cultura profissional em que os conhecimentos e saberes decorrem de contextos e experiências variadas.

Há hoje um contexto de pandemia que tem trazido experiências únicas e que exigem pensar quais conhecimentos serão priorizados no ensino remoto. Boaventura de Souza Santos, ao utilizar a expressão ecologia dos saberes, destaca que ela "nos capacita para uma visão mais abrangente daquilo que conhecemos, bem como do que desconhecemos, e também nos previne para aquilo que não sabemos e é ignorância nossa, não ignorância em geral". (SANTOS, 2010, p. 66).

Foi nessa direção de tomar consciência dos conhecimentos e saberes e identificar as aprendizagens nos encontros formativos ocorridos no ambiente remoto, que os professores deste estudo indicaram sua posição em relação ao aprendido e às potencialidades pedagógicas descobertas com o uso da tecnologia. As três professoras respondentes a seguir mencionam aspectos que mostram a disposição para mudar e as aprendizagens mobilizadas nos momentos formativos virtuais com a coordenação pedagógica:

> *Houve uma ressignificação de saberes. Tivemos que pensar de outra maneira, reinventar estratégias. Também é necessário articular e validar os princípios e direitos das crianças debatidos e consolidados no Projeto Político Pedagógico da unidade educativa; estes independentemente de serem presencialmente ou remotamente devem ser garantidos (S 18).*

> *Foram saberes diversos. Houve uma ressignificação que demandou um esforço grande no primeiro momento, repensar a formação e planejamento das ações. Também vejo que há muitas formações disponíveis, uma série de Lives, por exemplo... O que me preocupa com o tanto de informações, acredito que seja necessário fazer boas escolhas* (S 17).
>
> *Estamos aprendendo na prática novas formas de ensinar e estamos vendo muita coisa positiva nesse processo. A troca com o grupo tem sido fundamental para conseguirmos avançar e ultrapassar os nossos limites. Percebemos que o ensino remoto total é realmente muito difícil, mas estamos percebendo que poderemos usar as ferramentas aprendidas, nesse período, para aprimorar e melhorar a aprendizagem dos estudantes e a nossa formação* (S 15).

Mesmo considerando que os professores constroem seu próprio conhecimento profissional e o fazem de forma pessoal, processual, incorporando e transcendendo os conhecimentos já adquiridos e acumulados na sua experiência como docente (TANCREDI, 2009), pode-se verificar, pelos depoimentos, que reconhecem que a aprendizagem coletiva, ou seja, a que se dá com a troca e o compartilhamento, mostrou-se efetiva num contexto novo para a maioria do grupo.

Por outro lado, as professoras não descuidaram da característica individual da docência e apontaram um movimento pessoal na direção de mais estudo e pesquisa, bem como sublinharam ter conquistado maior autonomia para isso, no período da pandemia:

> *Aprendi mais nesse período da pandemia, mas por minha opção de estudar mais, pesquisar mais, sozinha mesmo* (S 7).
>
> *Tenho mais tempo e autonomia para estudar* (S 9).
>
> *Posso dizer que estou me organizando melhor para planejar as minhas aulas, pesquisando mais e os horários de reunião pedagógica coletiva estão mais qualificados* (S 5).
>
> *Aprendizado diferente, a forma de eu ir atrás desse aprendizado foi o que mudou* (S 8).

A percepção de algumas professoras sobre suas aprendizagens foi justificada pela emergência do momento e pela necessária busca de soluções, e cada uma em seu ritmo:

> *Sabemos que uma situação-problema favorece a aprendizagem. Nesse contexto de pandemia, uma série de problemas nos apareceram e a fim de encontrarmos soluções, estamos precisando aprender mais do que antes* (S 16).
>
> *Um momento inédito é muito novo para todos. Todas as equipes estão se reinventando e fazendo o que podem. Cada um dentro do seu limite, fazendo o seu melhor com os recursos que possuem. O ensino híbrido será uma realidade; temos que nos preparar para essa realidade. Por enquanto, fomos pegos de surpresa e totalmente despreparados. Alguns se ajustaram rapidamente, outros mais vagarosamente, mas todos foram impactados e estão se mobilizando* (S 2).

Reinventar estratégias, como mencionado no primeiro depoimento apresentado neste texto pela professora (S 18), pode ser analisado como um desdobramento relativo à inserção da tecnologia na prática das professoras, no ambiente virtual e expresso nas declarações a seguir:

> *Fomos obrigados a aprender lidar com as tecnologias digitais, a nos reinventarmos, a superar nossos medos, dificuldades e resistências ao novo* (S 2).
>
> *A tecnologia não resolve nada por si só. São técnicas que servem para nos auxiliar no processo de ensino-aprendizagem. Um professor pode usar recursos tecnológicos já consagrados, como o papel e a caneta ou softwares de última geração. É a realidade escolar, os problemas apresentados, os interesses dos estudantes que dirão que recursos tecnológicos deverão ser utilizados, e não os recursos tecnológicos que deverão moldar a relação de aprendizagem* (S 17).
>
> *Aprendi a postar atividades, corrigir e fazer aulas gravadas. Tenho minhas dúvidas se o município de São Paulo fará inves-*

> *timentos nessa área, com formação para professores, aparelhos tecnológicos para as escolas e para os alunos* (S 19).
>
> *Saber acessar, articular e despertar interesse do aluno com as novas tecnologias de informação e comunicação* (S 3).

Os depoimentos mostram um equilíbrio no movimento das professoras em relação à inserção das tecnologias na sala de aula. Candau (2020) alerta que a inserção das tecnologias no ambiente escolar não deve ser exaltada e nem demonizada e acrescenta que seu potencial deve ser considerado a partir de uma perspectiva crítica e reflexiva quanto ao seu uso, pois, segundo ela, são artefatos culturais potentes e sedutores. Ao destacar que os educadores são os agentes que apresentam condições de explorar o potencial das tecnologias para a construção de culturas escolares mais inclusivas e criativas, faz um convite para "penetrar em sua lógica e identificar e conhecer as potencialidades pedagógicas que podem mobilizar diferentes dinâmicas de ensinar-aprender na perspectiva da construção de novos formatos escolares" (CANDAU, 2020, p. 41).

Mesmo considerando a possibilidade da utilização das tecnologias para favorecer processos de construção de conhecimentos e de reflexão durante os encontros formativos nas escolas, muitos professores deixaram visível em seus depoimentos o estranhamento com a ausência das pessoas e de um diálogo mais voltado para suas experiências e práticas da sala de aula:

> *A formação em ambiente remoto contribuiu parcialmente, pois tornam-se enfadonhas sem a interação presencial* (S 3).
>
> *Em alguns momentos falta o debate, sou fã da conversa em que trocamos com o outro nossas experiências* (S 8).
>
> *Acho as lives cansativas, as reuniões desgastantes e até tensas* (S 7).

Esses aspectos que sugerem dificuldades enfrentadas pelos professores no primeiro ano da pandemia somam-se a outros, como as condições de trabalho, que também se tornaram impeditivos para avanços na aprendizagem do professor. Quando perguntados sobre essas condições, alguns professores mencionaram que não puderam contar com suporte técnico especializado por parte da SME, na orientação sobre como operar os recursos tecnológicos para interagir e promover a aprendizagem dos alunos.

Outro impasse vivenciado pelos professores e apontado em suas respostas ao questionário se referiu às condições de acesso dos alunos ao ambiente remoto. A ausência de grande parte das crianças na sala de aula por não possuir computador ou acesso à internet e, assim, não conseguir acompanhar as aulas e nem realizar as atividades propostas na plataforma digital, se revelou como uma condição externa que repercutiu fortemente na prática do professor e exigiu orientações e novas aprendizagens sobre como trabalhar nesse contexto.

Às condições de vida dos alunos e das famílias, reveladoras das desigualdades sociais, foi acrescentada uma nova que se refere à infoexclusão (KENSKI, 2003), ou seja, o não acesso às Tecnologias da Informação e Comunicação (TICs), que afastou muitos alunos do processo educacional em 2020. Tais condições externas demandam políticas de inclusão digital que democratizem o acesso à internet e às plataformas digitais e que tornem o ambiente escolar menos desigual e sem alunos excluídos dos processos de ensino-aprendizagem.

Os depoimentos expressos pelos professores deixam evidentes os cuidados e o apoio necessários para que o uso das tecnologias, bem como do material didático específico recebido, Trilhas de Aprendizagem, não ficassem reduzidos a uma estratégia operacional em relação aos seus usos. É nessa direção que a formação continuada na escola, como responsabilidade da equipe gestora, evidencia mais ainda a necessidade do comprometimento pedagógico do coordenador e torna mais urgente que sejam mobilizadas e confirmadas as dimensões articuladora, formadora e transformadora do seu trabalho (PLACCO; ALMEIDA; SOUZA, 2015).

Escutar o professor e potencializar a formação continuada na pandemia: um desafio para o coordenador pedagógico

Como indicado no início deste texto, buscou-se ouvir os professores sobre a formação continuada desenvolvida em ambiente virtual, com a intenção de identificar suas aprendizagens e oferecer apontamentos significativos para o trabalho do coordenador pedagógico. Constatou-se que, em maior ou menor medida, a maioria dos respondentes mencionou as contribuições positivas em relação à formação continuada desenvolvida na escola. Alguns docentes, porém, responderam que, muitas vezes, os momentos formativos limitaram-se à leitura de leis e decretos e à transmissão de informações e outros revelaram que as reuniões virtuais foram desgastantes, enfadonhas e com perda de foco e que a prática pedagógica não esteve presente nas pautas. A diversidade de posicionamentos pode ser justificada pela participação de professores de diferentes escolas da cidade de São Paulo cujas formações também se diversificaram.

Os depoimentos a seguir elencam os pontos positivos da formação continuada empreendida de forma remota. Um desses pontos positivos, materializado na fala da docente cinco, é decorrente da visão do coordenador pedagógico, focada nas necessidades apresentadas pelo grupo de professores com o qual trabalha: *"as formações que tenho participado estão sendo as oferecidas pela escola na qual trabalho e têm sido muito produtivas! Elas estão partindo das necessidades do grupo e nos auxiliando na reflexão da prática no ensino remoto"* (S 5). A afirmação dessa professora confirma que, quando as necessidades do corpo docente são consideradas pelo coordenador pedagógico e se ele as discute e as analisa criticamente, para selecionar os assuntos a serem tratados nos momentos formativos, as chances de novas aprendizagens na formação são maiores. Nessa direção, também deve ser ressaltado que as necessidades formativas devem ser concebidas não como algo que faltou na formação inicial do docente ou algo que deve ser atualizado, mas como demandas contextualizadas que emergem de determinado contexto que também envolvem os desejos e as expectativas dos professores (PEREIRA; PLACCO, 2018).

Outro aspecto evidenciado nessa fala da professora cinco é a dimensão formadora do trabalho do coordenador pedagógico, a partir da sua mediação a favor do desenvolvimento profissional docente, quando possibilita situações voltadas para o exame crítico das práticas pedagógicas desenvolvidas pelos professores, no contexto pandêmico. Os depoimentos a seguir também evidenciam que, na formação continuada desenvolvida de forma remota, houve reflexão sobre a prática pedagógica e sobre o uso dos recursos tecnológicos:

> [a formação] ajuda muito na autoavaliação sobre minha prática pedagógica frente aos alunos que necessitam da minha ajuda (S 12).
>
> Temos refletido muito [...] em todos os aspectos que o ensino a distância afeta a nossa prática pedagógica e como podemos aprimorar cada vez mais nossos conhecimentos em prol do aluno (S 16).
>
> Está havendo, no espaço de formação, ampliação dos repertórios de recursos tecnológicos, bem como discussões e reflexões práticas e teóricas, que nos auxiliam a fazer um uso reflexivo das tecnologias (S 17).

Ao abordar a prática, no período da pandemia, os professores põem em destaque, com mais força ainda, a importância do grupo como espaço de reflexão crítica da prática pedagógica, especialmente em relação às decisões pedagógicas quanto ao uso dos recursos tecnológicos, em prol do aperfeiçoamento do trabalho e da aprendizagem dos alunos. Confirma-se, então, que a dimensão formativa de grupos de professores na formação continuada pode ser potencializada quando seus participantes conseguem superar a forma individualizada com que são tomadas as decisões sobre o aprender e o ensinar (PASSOS, 2016) e quando identificam que o grupo ajuda a amenizar a angústia e as incertezas provocadas pelas situações novas. As professoras mencionaram e valorizaram "*o bem-estar emocional e o ânimo para continuar*" (S 10; S 20), assegurados pelos momentos da formação continuada.

Os aspectos citados pelos professores confirmam que o coordenador pedagógico cumpre com seu papel formador ao escutar o corpo docente e propiciar situações que promovem discussões com sustentação teórica, como retratado nestes depoimentos:

> Essa formação continuada nestes tempos de pandemia é muito enriquecedora, a partir do momento em que nossos anseios

também são ouvidos, bem como as reais necessidades dos estudantes são atendidas (S 12).

...a formação tem contribuído muito nesse momento de ensino remoto. Estamos trabalhando assuntos que vem ao encontro de nossas necessidades de forma dinâmica, com discussões nos grupos de professores, aporte teórico, troca de experiência! (S 15)

Está havendo no espaço de formação ampliação dos repertórios de recursos tecnológicos, bem como discussões e reflexões teóricas que nos auxiliam a fazer um uso reflexivo das tecnologias (S 17).

Os depoimentos a seguir reiteram que, nos momentos de formação continuada, houve troca entre os professores e que demandou, segundo a professora catorze, um período de adaptação:

...houve mais troca entre alguns professores de trocas de práticas pedagógicas (S 7).

...o começo foi um pouco conturbado, assustador, mas acho que as coisas foram acalmando, fomos nos adaptando e acredito que está sendo ótimo aprendermos e conversarmos com o grupo. Está muito satisfatório (S 14).

Percebe-se que o tempo é um componente do processo de interação que varia em cada grupo e é fundamental para a superação das dificuldades e para o aprimoramento do processo de ensino-aprendizagem e do próprio processo formativo. Nessa perspectiva, quando o coordenador pedagógico consegue organizar situações formativas, criando espaços para trocas de informação ou de experiências entre os docentes, para que todos realizem seu trabalho cada vez melhor, materializa-se sua função de articulador das ações educativas da escola, com vistas ao desenvolvimento profissional docente e à transformação da realidade.

Nessa direção, alguns professores reconhecem o valor da colegialidade durante a formação continuada, no contexto da pandemia, estimulada pelos desafios postos em relação às metodologias que melhor responderiam à aprendizagem dos alunos:

> *Fomos jogados nesta tecnologia que não dominamos, tive que estudar por conta própria tutoriais, e-books e mesmo assim pedir ajuda de colegas nos momentos formativos* (S 7).
>
> *Só tenho a agradecer pela oportunidade de fazer parte do grupo com o qual trabalho. Estamos trabalhando muito, sendo continuamente desafiados e encorajados a pôr em prática novas metodologias que favoreçam a aprendizagem de nossos alunos* (S 16).
>
> *...acredito que pós pandemia levaremos muitas ações que foram desenvolvidas neste momento, durante as formações, tais como planejamento conjunto, vídeos, conferências, lives...* (S 18).

Solicitar ajuda aos colegas, sentir-se parte de um grupo de profissionais que trabalha junto para pôr em prática novas metodologias em prol da aprendizagem dos alunos e realizar planejamento de modo coletivo não são tarefas comuns na maioria das escolas, já que o isolamento profissional é uma das características da cultura docente (PEREZ-GÓMES, 2001). As falas desses professores sugerem cuidado por parte do coordenador pedagógico quanto à dimensão coletiva da docência. Isso é algo muito importante, visto que "o isolamento profissional e seu questionamento deveria ser o ponto de partida do trabalho dos coordenadores e/ou formadores de professores nas escolas" (PASSOS; ANDRÉ, 2016, p. 16).

Outro ponto de partida a ser considerado no trabalho do coordenador pedagógico e que se mostrou estratégico no período da pandemia é a compreensão de que a voz pedagógica do professor (RUSSEL; MARTIN, 2014) contribui fortemente para direcionar os conhecimentos e as aprendizagens necessárias para sua atuação na sala de aula. Essa voz pedagógica, já contemplada noutros depoimentos, é destacada de forma mais direta por estes professores:

> *A coordenação traz músicas e poesia para nossos encontros, tentando criar um vínculo entre nós e assim nos conectarmos para iniciar as reuniões remotas, mas nem sempre consigo ajuda específica para o meu trabalho. Sou professora de Recuperação Paralela, chamada de Projeto de Apoio Pedagógico. Penso que*

poderíamos estudar metodologias que utilizassem o estudo remoto, e outros assuntos referentes à prática pedagógica: como formular avaliações, quais critérios utilizar, discussões coletivas sobre os encaminhamentos, para socialização de estratégias e conteúdos pertinentes às várias matérias, para que o trabalho possa ser interdisciplinar (S 19).
Como fazer articulação e continuidade do vínculo entre escola e família (S 18).

Ter sensibilidade e saber distinguir as diferentes concepções teórico-metodológicas presentes na voz pedagógica do professor confere ao coordenador pedagógico uma atuação ampliada em relação ao repertório didático e cultural docente. Os dois depoimentos acima mostram a importância de o coordenador saber distinguir quando a didática do professor está assentada numa perspectiva instrumental ou na necessidade decorrente de um contexto especial. Nesse contexto, a voz do professor se apresenta como um indicativo poderoso a ser contemplado pelo coordenador pedagógico, como se abordará a seguir.

A voz pedagógica do professor como indicador para o trabalho do coordenador pedagógico

Quando os professores têm espaço na formação continuada para expressar sua voz pedagógica, podem ser extraídos indicadores que demarcam o trabalho nos momentos formativos. Um desses indicadores se refere à identificação e à análise das necessidades e dos desafios que os professores enfrentam na sua prática, e sua superação se torna o primeiro passo para a melhoria das relações e do trabalho na formação continuada dos professores. Príncepe (2010, p. 64) demarca esses pontos ao defender essa identificação e análise das necessidades formativas:

> Entendemos as necessidades como geradora de desafios e dificuldades para os sujeitos que as identificam. Por este motivo, defendemos um processo de identificação e análise de necessidades de formação,

partindo dos sujeitos que vivenciam o contexto em que elas são geradas. Assim, a superação do desafio se traduz em condição para melhoria da relação entre o educador e o seu trabalho.

Outro aspecto, relativo à voz pedagógica dos professores, diz respeito ao compartilhamento de práticas destacado como um momento formativo, de troca de experiências e de vivências no contexto em que atuam. Imbernón (2011, p. 50) considera o compartilhamento de práticas como importante meio para a formação contínua de professores, pois favorece "a troca de experiências entre iguais para tornar possível a atualização em todos os campos de intervenção educativa e aumentar a comunicação entre os professores". A troca entre os pares possibilita a reflexão sobre a prática, o que auxilia o docente na sua ação em sala e na intervenção junto aos alunos.

Nessa direção, a força de trabalho coletiva dos professores se revelou como importante indicativo, mesmo em fases e situações adversas. Muitos deles assinalaram que, apesar do momento de isolamento social ampliado, do medo da morte iminente e da falta do contato físico, dos afetos e do carinho, ainda assim conseguiram planejar suas aulas, pesquisar atividades, realizar rodas de conversas virtuais com seus pares e nelas refletir juntos sobre a atuação pedagógica, bem como compartilhar experiências e vivências. O momento da pandemia parece que, além de fortalecer a alteridade, foi considerado pelos professores como significativo para sua formação.

Acerca disso, Nóvoa (2020, p. 8) defende que tanto os governos como as escolas, de modo geral, deram respostas frágeis diante da situação pandêmica. Entretanto, embora não tenha sido possível garantir o espaço público de socialização e de *lócus* onde se aprende a viver em comum, próprios do ambiente escolar, os professores, "em colaboração uns com os outros e com as famílias, conseguiram pôr de pé estratégias pedagógicas significativas para este tempo tão difícil".

Para o autor, "a colaboração foi o elemento decisivo para as melhores respostas" (p. 9) diante da crise. Essa é uma lição importante que merece atenção de todos, inclusive do coordenador pedagógico, na direção de promover maior autonomia e liberdade aos docentes, que precisam ser incentivados a assumir seu papel de construtores do conhecimento. Desse modo, "capacidades de iniciativa, de experimentação e de inovação manifestadas durante a pandemia devem ser alargadas e aprofundadas no futuro, como parte de uma nova afirmação profissional dos professores" (NÓVOA, 2020, pp. 9-10).

A valorização do bem-estar emocional dos professores no espaço de formação foi por eles mencionado muitas vezes e se constitui num indicativo de peso para o coordenador pedagógico. Os docentes reconhecem que precisam acolher e ser acolhidos, que carecem de afeto, de compreensão e, especialmente, de escuta e de diálogo, que necessitam estabelecer uma relação de confiança que os encorajem e os desafiem e que desejam estar juntos, trabalhando com seus pares em uma relação dialógica e dialética.

Esse bem-estar emocional pode ser definidor de momentos mais produtivos de compartilhamento das práticas, das experiências e dos desafios enfrentados no chão da escola e também elemento de mobilização do grupo para a construção colaborativa do saber. Nota-se que aqueles que se sentiram acolhidos em seus medos e anseios puderam construir juntos novas formas de ensinar e de aprender.

Nesse momento da pandemia, situação até então não experimentada por esta geração, a visibilidade dos medos, fragilidades e dúvidas sobre como atuar na docência apresentou-se de forma coletiva, e juntos, professores e coordenadores pedagógicos, tiveram que se reinventar e recriar a imaginação pedagógica e, também de forma coletiva, aprender a elaborar estratégias para atividades docentes situadas num tempo e numa condição singular para os profissionais da escola, ou seja, a docência em ambiente remoto.

Referências

ANDRÉ, M. E. D. A. de. Texto, contexto e significado: algumas questões na análise de dados qualitativos. *Cadernos de Pesquisa*, [S.l.], v. 45, pp. 66-71, maio 1983. Disponível em: <http://publicacoes.fcc.org.br/ojs/index.php/cp/article/view/1491/1485>. Acesso em: 10 jun. 2021.

CANDAU, V. M. Didática novamente em questão: fazeres-saberes pedagógicos em diálogos, insurgências e políticas. In: CANDAU, V. M; CRUZ, G. B.;

FERNANDEZ, C. (orgs.) *Didática e fazeres-saberes pedagógicos – Diálogos, Insurgências e Políticas*. Petrópolis: Vozes, 2020, pp. 33-47.

FLORES, M. A. Algumas reflexões em torno da formação inicial de professores. *Educação*, v. 33, n. 3, 2010. Disponível em: <https://revistaseletronicas.pucrs.br/ojs/index.php/faced/article/view/8074>. Acesso em: 01 jul. 2021.

FREIRE, P. *Pedagogia da autonomia: saberes necessários à prática docente*. São Paulo: Paz e Terra, 1996.

IMBERNÓN, F. *Formação docente e profissional: formar-se para a mudança e a incerteza*. Silvana Cobucci Leite (trad.). São Paulo: Cortez, 2011.

KENSKI, V. Novas tecnologias na educação presencial e a distância I. In: BARBOSA, R. L. L. (org.). *Formação de educadores: desafios e perspectivas*. São Paulo: Unesp, 2003, pp. 35-56.

NÓVOA, A. A pandemia de Covid-19 e o futuro da Educação. *Com Censo*, v. 7, n. 3, 2020. Disponível em: <http://www.periodicos.se.df.gov.br/index.php/comcenso/article/view/905/551>. Acesso em: 01 jul. 2021.

PASSOS, L. F. Práticas formativas em grupos colaborativos: das ações compartilhadas à construção de novas profissionalidades. In: ANDRÉ, M. E. D. A. de (org.) *Práticas inovadoras na formação de professores*. Campinas: Papirus, 2016.

PASSOS, L. F; ANDRÉ, M. E. D. A. de. O trabalho colaborativo, um campo de estudo. In: ALMEIDA, L. R.; PLACCO, V. M. N. S. (orgs.). *O coordenador pedagógico e o trabalho colaborativo na escola*. São Paulo: Loyola, 2016. pp. 9-23.

PEREIRA, R.; PLACCO, V. M. N. S. Mapear os conhecimentos prévios e as necessidades formativas dos professores: uma especificidade do trabalho das Coordenadoras Pedagógicas. In: ALMEIDA, L. R. de; PLACCO, V. M. N. S. (orgs.) *O coordenador pedagógico e seus percursos formativos*. São Paulo: Loyola, 2018, pp. 81-102.

PÉREZ GÓMEZ, A. I. *A cultura escolar na sociedade neoliberal*. Porto Alegre: Artmed, 2001.

PLACCO, V. M. N. S.; SOUZA, V. L. T. de. O trabalho do coordenador pedagógico na visão de professores e diretores: contribuições à compreensão de sua identidade profissional. In: PLACCO, V. M. N. S.; ALMEIDA, L. R. de (orgs.). *O coordenador pedagógico: provocações e possibilidades de atuação*. São Paulo: Loyola, 2012, pp. 9-20.

PLACCO, V. M. N. S.; ALMEIDA, L. R. de; SOUZA, V. L. T. de. Retrato do coordenador pedagógico brasileiro: nuanças das funções articuladoras e transformadoras. In: PLACCO, V. M. N. S.; ALMEIDA, L. R. de. (orgs.). *O coordenador pedagógico no espaço escolar: articulador, formador e transformador*. São Paulo: Loyola, 2015, pp. 9-24.

PRÍNCEPE, L. M. *Necessidades formativas de educadores que atuam em projetos de educação não-formal.* 146 f. Dissertação (Mestrado em Psicologia) – Pontifícia Universidade Católica de São Paulo, São Paulo, 2010.

RUSSEL, T.; MARTIN, A. K. A importância da voz pedagógica e da aprendizagem produtiva na formação inicial de professores. In: FLORES, M. A. (org.) *Formação e desenvolvimento profissional de professores: contributos internacionais.* Coimbra: Almedina, 2014.

SERRES, M. *Tempo de crise.* Rio de Janeiro: Bertrand Brasil, 2017.

SOUZA, B. S. Para além do pensamento abissal: das linhas globais a uma ecologia dos saberes. In: SANTOS, B. S.; MENESES, M. P. (orgs.) *Epistemologias do sul.* São Paulo: Cortez, 2010, pp. 60-72.

SOUZA, V. L. T. de; PETRONI, A. P.; DUGNANI, L. A. C. A dimensão do trabalho coletivo na escola: intervenções com a equipe gestora. In: PLACCO, V. M. N. S.; ALMEIDA, L. R. de (orgs.). *O coordenador pedagógico no espaço escolar: articulador, formador e transformador.* São Paulo: Loyola, 2015, pp. 53-72.

TANCREDI, R. M. S. P. *Aprendizagem da docência e profissionalização – elementos de uma reflexão.* São Carlos: Edufscar, 2009.

O trabalho colaborativo como potencial para a retomada do contexto educativo durante a pandemia do COVID-19

Katia Martinho Rabelo[1]
(katiarabelo1970@gmail.com)

> *E certamente deve ser árduo aquilo que só raramente se consegue. Como seria possível a salvação se ela estivesse à mão, e se se pudesse chegar a ela sem grande trabalho, tanto que fosse negligenciada por quase todos? Mas tudo o que é belo é tão difícil quanto raro.*
> (Espinosa, 1677/2005)

A decisão de iniciar este texto diante da filosofia de Espinosa foi a de provocar o meu leitor a pensar seu próprio contexto e todos os momentos de embate pelos quais passou, como potência para a ação. A postura monista espinosana rompeu com o pensamento cartesiano que separava emoção e razão, predominante na época.

Na obra-prima de Espinosa, *Ética demonstrada à maneira dos geômetras*, publicada postumamente em 1677, particularmente aprecio a ideia sobre a potência simultaneamente intelectual e afetiva que, ligadas entre si, conferem à pessoa a liberdade de ação. Como afirma Espinosa (1677/2005, p. 197), "o corpo humano

---

1. Diretora Pedagógica do Colégio Magister; mestre e doutora pelo Programa de Estudos Pós-graduados em Educação: Psicologia da Educação, da PUC-SP.

pode ser afetado de muitas maneiras que aumentam ou diminuem sua potência de agir".

Espinosa nos conduz, a partir de uma lógica geométrica, a conhecer a racionalidade dos afetos humanos, quando assevera, por exemplo, que "um afeto não pode ser refreado nem suprimido senão por um afeto contrário e mais forte do que o afeto a ser refreado" (1677/2005, p. 293).

A visão monista de compreensão dos fenômenos e da pessoa foi também valorizada por Henri Wallon (1879-1962), que corrobora a postura integradora das dimensões da pessoa e o papel dos meios e grupos que dialeticamente constituem o sujeito. Médico e psicólogo, viveu os acontecimentos das duas grandes guerras mundiais e, a partir disso, propôs uma psicologia que vislumbrasse uma sociedade mais justa e solidária. Lutou pela escola como importante meio para o desenvolvimento da criança, como obra fundamental para a sociedade e contexto privilegiado para a investigação psicogenética.

A obra de Wallon traz constantemente a relação recíproca entre os fatores orgânicos (filogênese e ontogênese do indivíduo) e os fatores sociais, apontando para as múltiplas determinações impostas pelo meio e pelos grupos a que o indivíduo está integrado. Nesse contexto assevera que "a sociedade põe o homem em presença de novos meios de novas necessidades e de novos poderes que aumentam as suas possibilidades de evolução e de diferenciação individual" (WALLON, 1975, p. 165)

Imbuída dos pensamentos wallonianos e da importância atribuída à escola como agência transformadora da sociedade, bem como da filosofia de Espinosa, muito honradamente aceitei o convite para participar desta edição do Coordenador Pedagógico, dedicada a pensar a atuação dos gestores escolares diante dos tantos enfrentamentos pelos quais a Educação vem atravessando com a pandemia do vírus do COVID-19. Momento inédito da história recente, provocou a suspensão das aulas presenciais em escolas do mundo todo, na tentativa de conter o avanço da contaminação por esse vírus.

No Brasil, as escolas foram fechadas ao longo do mês de março de 2020 e assim se mantiveram por muitos meses, enquanto crescia o debate sobre os impactos do distanciamento de crianças e jovens do espaço escolar. Estudantes foram distanciados de seus professores e colegas, e a educação precisou ser ofertada por meios alternativos: digitais (plataformas, redes sociais, televisão) ou impressos (cadernos de atividades e materiais físicos em geral).

Todavia, considero que, por mais que as redes públicas e particulares tivessem se desdobrado para buscar formas de manter os estudantes conectados à aprendizagem, a ausência da escola como meio físico e social na vida dos estudantes trará prejuízos na formação cognitiva, social e emocional, sendo ainda mais agravados pela ampliação da desigualdade social, estruturante em nosso país, imposta aos mais carentes, além da elevação dos riscos de abandono e evasão escolar. Por todos esses fatores, seremos testemunhas de muitos desafios, alguns ainda a serem descobertos, à medida que as escolas voltam às atividades presenciais, e tentamos contabilizar os danos na formação de crianças e jovens.

Especialistas têm apontado não somente para as lacunas acadêmicas resultantes do longo período de fechamento das escolas, mas salientam preocupações com os outros papéis da escola. Para Delors (1996), escola é local de aprender a conhecer, aprender a fazer, aprender a conviver e aprender a ser. É lugar, portanto, onde as relações entre as pessoas acontecem, onde aprendemos a dialogar com aquele que é diferente, onde aprendemos a transformar conflitos em acordos, onde colocamos à prova nossos valores e temos a oportunidade de experimentar nossa humanidade.

É na relação com o outro que nos individualizamos e nos constituímos seres humanos. E a escola é espaço de constantes relações interpessoais que provocam sentimentos de tonalidades agradáveis ou desagradáveis, mas todas elas promotoras de desenvolvimento.

Por mais que os meios digitais tenham suprido alguma forma de contato do aluno com o conhecimento acumulado historicamente pela humanidade, a experiência social no espaço escolar, palco para que o sujeito se individualize, foi suprimida da vida de crianças, jovens e adultos. Um distanciamento que se mostra crítico, pois, como aponta Wallon, a relação com os meios de sua existência é uma necessidade original para a pessoa: "O indivíduo se se conhece como tal, é essencialmente social. E ele o é não em virtude de contingências externas, mas devido a uma necessidade íntima. Ele o é geneticamente" (1975, p. 159). Essa ausência física da escola vem sendo também alertada por especialistas da psicologia como desencadeadora de inúmeros distúrbios como ansiedade, medo, depressão, solidão, inquietação, alterações na rotina de sono e alimentação. Ademais, o próprio contexto do isolamento social na pandemia, as incertezas, perdas e implicações econômicas e sociais, contribuem para o aumento dos níveis de estresse em estudantes e educadores.

Diante da crise em decorrência da pandemia, como diretora pedagógica de uma instituição de educação básica da rede particular de São Paulo, mobilizei a equipe a pensar em como poderíamos reorganizar uma nova realidade de aprendizagem, considerando os afetamentos pelos quais passaram, durante a pandemia do COVID-19, cada um dos sujeitos que compõem a realidade escolar. Como superar os desafios do momento e acolher professores, colaboradores, alunos e familiares que, simultaneamente, viviam o contexto da pandemia, cada um à sua maneira e experiência? Como poderíamos cuidar de professores e colaboradores para que pudessem acolher nossas crianças e jovens, no retorno às atividades presenciais?

Encarei a crise como promotora de novas formas de ser, conforme assevera Wallon, e resolvi valorizar a potência do trabalho colaborativo na escola e o papel dos gestores como mobilizadores desse coletivo. Assumi o que apontam Dugnani e Souza, que aqueles "que ocupam os cargos de gestão exercem um papel crucial nos modos como as propostas são significadas e apropriadas na escola" (2016, p. 139).

A coleção "O Coordenador pedagógico", ao longo de tantos anos e edições, tem valorizado as muitas dimensões da atividade da equipe gestora na escola. Destacarei, nesta oportunidade, a potência das ações dos gestores escolares[2] como força motriz do desenvolvimento de pessoas e de transformações de processos no solo da

---

2. Por gestores escolares, estendemos o diretor e os coordenadores da escola.

escola. Uma atuação nem sempre valorizada pelos sistemas que não se dedicam à formação e acompanhamento desses profissionais.

Foi essa constatação que me levou, no doutorado junto ao programa de Educação: Psicologia da Educação da PUC-SP, a compreender o papel do diretor na instituição escolar. A psicogenética walloniana foi meu referencial na pesquisa de doutorado sobre a história de duas aguerridas diretoras de uma escola pública de Anos Iniciais de Ensino Fundamental da rede municipal da cidade de Teresina, no Piauí (RABELO, 2019). Localizada na periferia de uma das cidades com menor IDH[3] do país, a escola atende a uma comunidade extremamente carente, imersa em contextos de violência e abandono, mas que, mesmo diante de tantas agruras, produz a invejável realidade de altos resultados no IDEB[4], que crescem a cada ano. Em 2019, a escola, dirigida por essa dupla gestora, alcançou a média de 8,4 no IDEB.

Foram muitas reflexões que deixei nesse trabalho sobre o papel do gestor escolar e a força motriz da articulação do coletivo, na busca de uma educação de qualidade. Uma história que revelou que a escola poderia ser a transformação daquele solo árido, típico da caatinga nordestina, em espaço fértil para crianças e comunidade que sonhavam com um futuro melhor. "Eu sou a escola", foi o que eu ouvi de uma de minhas entrevistadas e que me afetou para pensar quem eu era como diretora pedagógica de minha escola e na responsabilidade que o gestor escolar tem em suas mãos. "Eu sou" é identidade e pertença, mas "eu sou a escola" é compromisso social, assumido individual e coletivamente. Uma identificação, por unidade e contradição, que, a partir da escola, do reconhecimento do todo colaborativo, do tomar para si, se transforma em potência para a ação.

Pela magnitude dos desafios do momento, a articulação dos gestores se mostrava a possibilidade de intervenção no contexto e produção de novos meios.

---
3. IDH – Índice de Desenvolvimento Humano.
4. IDEB – Índice de Desenvolvimento da Educação Brasileira.

O trabalho colaborativo e o papel dos gestores, articuladores do coletivo

Como diretora pedagógica, investi-me da reponsabilidade de principal articuladora das pessoas e processos em minha escola, e fizemos acontecer uma transformação naquela realidade. Minha escolha por valorizar o trabalho colaborativo como resposta ao enfrentamento pelo qual os sujeitos das escolas passam durante e após momentos de crise, e podemos dizer que esta pandemia se tornou uma conjuntura crítica para toda a sociedade, se dá pela crença no potencial do grupo para a construção de uma nova realidade, o que, segundo Dugnani e Souza, "permite que se construa a visão de nós" (2016, p. 148). Podemos aqui também lembrar dos pensamentos de Vygotsky (1998) sobre a potência do grupo para a formação de uma consciência coletiva, quando postula sobre o caráter eminentemente social da consciência humana. Para o pensador bielorrusso, as relações mediadas pela potência, e não pela falta, tendem a favorecer o desenvolvimento das funções psicológicas superiores.

Para a psicogenética walloniana, desde o nascimento, a consciência do homem é o resultado da vida em sociedade e é na relação com os outros de nossa existência que nos constituímos. Assevera Wallon, ademais, que a constituição da pessoa está em íntima relação com a construção do seu meio. Apesar de poder comandar muitas de suas condutas, ao estudar a criança, afirma que a constituição biológica original do sujeito não será a única do seu futuro destino. Ancora sua tese na intervenção nos meios como possibilidade de transformação de suas circunstâncias iniciais de existência. Wallon (1975, p. 167) explica que "os meios onde o sujeito vive e os que ambiciona são o molde que dão cunho à sua pessoa, mas essa experiência não é recebida passivamente". Podemos permitir a criação de hábitos diante de uma realidade ou promover a sua ruptura, criando novas respostas à realidade. Ao cunhar a expressão "o hábito precede a escolha", corresponsabiliza os sujeitos formadores (professores e gestores escolares) à produção de novos meios que possam gestar novas oportunidades àqueles que estão sendo formados.

Plenamente convencida do potencial de mobilização dos gestores como principais articuladores das circunstâncias coletivas na escola, dediquei minha tese de doutorado a trazer elementos empíricos sobre a constituição mútua de diretores e escola, num processo de tomada de consciência do papel que cada um assume a partir do reconhecimento de que fazemos parte de um todo e nos implicamos mutuamente. A pesquisa apontou que o desenvolvimento da escola se fez no e pelo desenvolvimento das diretoras, mediante um processo de tomada de consciência de si. Ao se reconhecerem capazes daquela missão, favoreceram que todos se sentissem capazes de aprender.

Mas descobri mais do que isso. Encontrei em mim mesma e na minha prática como educadora a certeza de que o maior potencial do gestor é favorecer que o coletivo se perceba verdadeiramente como um "nós". Nos pensamentos de Wallon, favorecer que esse coletivo se reconheça como um "nós todos". Esse "nós" construído na relação cotidiana do grupo, donde não se abstém os conflitos e confrontos, oportunidades também para que os sujeitos se exprimam e se realizem. Nessa relação eu-outro, segundo Wallon, progressivamente, o indivíduo se faz mais diferenciado e individuado.

Gestores escolares, diante de um projeto pedagógico, rompem com a dicotomia individual-coletivo, ao favorecerem que as pessoas sejam respeitadas em sua particularidade, mas que, reconhecendo a complementariedade indispensável com os Outros de suas relações, construam um projeto comum em torno de um único compromisso social. Para a dialética walloniana, unidade e coletividade, ao mesmo tempo em que se diferenciam e se complementam.

Ademais, processos colaborativos tendem a oferecer mais oportunidades de diálogo, que, por sua vez, podem ser espaços para que as pessoas mais facilmente expressem sentimentos, concepções, limites e possibilidades, e favoreçam que, na relação com os outros, cada um possa tomar mais consciência de si mesmo. Uma "negociação de significados", destacam as autoras Passos e André (2016), a partir da partilha de experiências profissionais e pessoais que vão dando uma nova forma a esse coletivo, implicando-os mutuamente.

A resposta da escola ao enfrentamento necessário

Estávamos todos nós, então, diante das circunstâncias da pandemia. Uma realidade emergencial e desafiadora. Resolvi olhar para aquele momento crítico com olhos de borboleta. Era preciso reconhecer que a metamorfose dependeria do casulo. A transformação só aconteceria se inicialmente cuidássemos de nós mesmos.

Agarrei-me aos pensamentos wallonianos de que a Educação e a escola são para o sujeito oportunidade de sucessivas aprendizagens. Profundamente contagiada pela crença na potência do coletivo como transformadora de uma realidade e impulsionadora do desenvolvimento de sujeitos e grupos, investi na articulação dessas pessoas, principalmente na ação da gestão da escola, para a intervenção no inédito cenário e desdobramentos que a pandemia nos impunha.

Em Espinosa, na frase derradeira de sua obra prima, pusemo-nos a pensar que o trabalho poderia ser árduo, mas não deveria ser negligenciado, afinal "tudo o que é belo é tão difícil quanto raro" (1677/2005, p. 407).

Diante de uma situação carregada de incertezas, há meses com as portas da escola fechadas, o ensino remoto sendo a opção de manutenção da presença da escola na vida das crianças e jovens reclusos em suas casas, professores cansados e desafiados diante das dificuldades agigantadas pelas telas dos computadores, em substituição às salas de aula, a escolha, a que se refere Wallon, se impôs ao momento. A escolha poderia ter sido dicotomizar emoção e razão e negar os tantos afetamentos pelos quais estávamos passando. Uma redução do *conatus,* segundo Espinosa, e, para Wallon, uma negação do domínio *pessoa*, resultante da integração dos três conjuntos funcionais que a constituem: ato motor, afetividade e conhecimento. Ademais, ao acreditar que os sujeitos são constituídos nos e pelos contextos em que estão inseridos, da mesma forma que o coletivo desses sujeitos imprime características próprias ao seu contexto e é por si afetado dialeticamente, resolvi buscar novas respostas ao momento e me dispus a transformar a crise em que estávamos imersos, como diz Gulassa (2004, p.

100), em "rompimento que possibilita a criação de novas formas de ser".

Visto que o desenvolvimento do sujeito decorre de seus esforços para superar determinados conflitos e crises, passarei a contar como enfrentamos as dificuldades e desafios que a pandemia trouxe (e ainda traz) e como a gestão escolar foi essencial para a promoção de ações reorganizadoras das emoções dos atores escolares e dos estudantes, de forma que pudéssemos nos fortalecer para o enfrentamento da realidade da pandemia do coronavírus.

Mesmo que de forma virtual, em função do distanciamento social, mantivemos nossos encontros formativos regulares, momento sempre cultivado em minha escola como espaço e tempo para estudos, reflexões, partilhas e trabalho coletivo. Esses momentos foram oportunidade para o grupo de gestores revelar suas próprias inquietudes e incertezas. Sabíamos que nos cabia a responsabilidade de intervir no todo da instituição e que nosso papel era estruturante para uma comunidade de professores, colaboradores, alunos e famílias. Todavia, reconhecemos que inicialmente precisávamos nos fortalecer, pois também estávamos invadidos por emoções desordenadas diante de tantos afetamentos. Sentimos que, antes de pensarmos em cuidar dos estudantes e da volta às aulas, deveríamos cuidar de nós mesmos. Fizemos a analogia com a despressurização em uma cabine de avião. A recomendação primeira é sempre que você coloque a máscara em si, antes de tentar ajudar alguém.

Minha formação no Mestrado e Doutorado em Educação: Psicologia da Educação me ofereceu referenciais teóricos que me ajudaram a olhar para aquela realidade. Conhecimentos esses advindos da psicogenética walloniana, da psicologia sócio-histórica e da filosofia de Espinosa, como: o papel dos meios e dos grupos como constitutivos e constituintes dos sujeitos; o papel do Outro na consciência do Eu; a integração emoção, cognição e ato motor nos sujeitos; o potencial do trabalho colaborativo na escola; o papel mobilizador e articulador dos gestores (direção e coordenadores); a necessidade de compreensão e superação do fenômeno; e o compartilhamento dos sentidos e significados na produção de novas sínteses.

Ao conhecer o trabalho do Grupo Processos de Constituição do Sujeito em Práticas Educativas – PROSPED[5], dele me aproximei para acrescentar aos nossos trabalhos os saberes também da psicologia escolar. Por este intermédio, conheci a psicóloga Fernanda Medeiros, doutoranda do Programa de Pós-graduação em Psicologia da PUC-Campinas e especialista em psicologia escolar.

Nas conversas com o grupo de gestores, levantamos algumas perguntas para o início dos trabalhos:

- Quais seriam os nossos principais enfrentamentos no retorno às aulas?
- Como poderíamos oferecer apoio e acolhimento a professores, colaboradores alunos e famílias para o retorno às atividades presenciais?
- Como poderíamos ajudar professores e colaboradores a organizar suas emoções para receber os estudantes, nesta volta às aulas?
- Quais habilidades deveria ter a gestão escolar para lidar com as inquietações deste retorno?
- Como poderíamos produzir um novo contexto de aprendizagem, diante de desafios até então desconhecidos?
- Quais estratégias poderiam ser trabalhadas com crianças e jovens para produzirmos um novo contexto de aprendizagem?

Foi se desenhando, portanto, o escopo de um trabalho que tinha como foco o fortalecimento do coletivo dos profissionais da escola, principalmente dos gestores, como agentes mobilizadores desse coletivo, pois essa seria a possibilidade de cuidar inicialmente de quem faz a escola diariamente: coordenadores pedagógicos, professores e todos os demais colaboradores.

Entre os meses de agosto e novembro de 2020, os gestores participaram de encontros virtuais semanais com a psicóloga, mediados por expressões artísticas. Por meio da apreciação de obras de

---

5. PROSPED: um grupo de pesquisa em Psicologia como Profissão e Ciência da PUC-Campinas, sob a orientação da Prof. Dra. Vera Lucia Trevisan de Souza (https://prosped.com.br/).

arte de diferentes épocas e movimentos artísticos, músicas, textos, fotografias, filmes e documentários, a equipe foi convidada a falar sobre seus anseios, seus medos, suas angústias, mas também da esperança, dos encantos, dos sonhos, dos desejos e da perspectiva de futuro. A mediação pela arte abriu espaço confortável para que as pessoas falassem de si, compartilhassem novos sentidos ao momento vivido e deu possibilidade para que os sujeitos ressignificassem suas emoções. Seguindo o caráter teórico metodológico do uso das expressões artísticas como linguagem para tocar os sujeitos na sua dimensão sensível e acessar a psique humana, apoiamo-nos em Vygotsky sobre o uso da arte para a compreensão de "emoções contraditórias e que a sua superação provocaria um salto qualitativo, uma nova organização psicológica, tornando as emoções mais complexas e conscientes" (BARROCO e SUPERTI, 2014). A apreciação da arte poderia ser para nós a objetivação de sentimentos, o que para Wallon seriam emoções mais racionalizadas, e que nos permitiriam a produção de uma nova consciência coletiva.

Assim, em nossos encontros, ao falarem do que viam nas obras de arte, os sujeitos compartilhavam percepções, pensamentos e afetamentos. Um verdadeiro processo catártico, promotor de novos sentidos e significados partilhados e coletivamente reorganizados. Um vínculo semântico que possibilitou um novo pensar sobre si e sobre as experiências e sentimentos vividos por cada um durante a pandemia.

Com esses espaços dialógicos, a equipe foi organizando suas emoções, no sentido da promoção de um coletivo colaborativo potente para transformar a realidade, que inicialmente se apresentava perturbadora, para que, diante da elaboração coletiva, gestasse uma dimensão mais propositiva. Esse compartilhar de experiências e conhecimentos foi permitindo que fôssemos além do que, individualmente, experimentamos ou conhecíamos. Na partilha do vivido e da forma como cada um significou esse vivido, pudemos reconhecer que éramos diferentes, mas, principalmente, que tínhamos em nossas mãos a possibilidade de nos apoiarmos e juntos encontrarmos respostas que não seriam oferecidas pela especialista, mas que deveriam ser encontradas no grupo. Uma resposta a ser objetivada no interior desse coletivo, que tinha a responsabilidade de organizar um coletivo mais amplo, para uma retomada das aulas que em breve aconteceria.

A oportunidade de pensar sobre o que vivíamos e de nos permitir falar e ouvir foi profundamente organizadora, mental e emocionalmente, para promovermos novos quadros de referência de atuação.

A cada encontro, as reflexões e impressões foram registradas. As memórias do produzido nesse coletivo transformavam as percepções individuais e permitiam que a teia de relações delas decorrentes produzissem novas sínteses coletivas que são para Souza et al. (2015, p. 92) "instrumento para a ampliação da consciência dos gestores (...) configurando novos significados e sentidos de suas ideias e criando novas possibilidades de ações". Pelo seu potencial reflexivo e formativo, as sínteses permitiram a emersão de novos sentidos e significados.

Partindo do pressuposto de que a formação na escola se dá diante dos contextos reais e locais, o fortalecimento dessa equipe escolar foi fundamental para a busca de soluções que respondessem às necessidades e dinâmicas do contexto. Ademais, o investimento na formação em serviço da equipe se mostra eficiente, pois corresponsabiliza o coletivo dos atores escolares e produz um conhecimento que permanece na escola.

Essa foi a principal defesa para que o trabalho com a especialista em psicologia escolar se centrasse na formação das equipes e não diretamente no atendimento aos estudantes. Dessa forma, escolhi como foco deste trabalho o processo de acolhimento aos atores escolares e reorganização das emoções do coletivo, em íntima relação com a aprendizagem, e seu papel na constituição de novas formas dos sujeitos pensarem, sentirem e agirem.

Entendo que os professores ocupam papel essencial para a reorganização dos estudantes na volta à escola, necessitando que estejam em boas condições pessoais e emocionais para exercê-lo. Os gestores possibilitaram, com o apoio da psicóloga escolar, que os professores tivessem a mesma experiência de compartilhamento de significações, mediados por expressões artísticas. Ao garantirmos o momento coletivo como espaço para a escuta atenta às realidades individuais e à expressão das emoções, ampliamos as possibilidades de lidar com os tantos afetamentos que o contexto provocou e produzimos um coletivo mais potente. Nesse processo, gestores e professores se formavam, ao mesmo tempo em que se implicavam mutuamente.

Mas a tarefa não se encerrava na atuação com o corpo docente. Era necessário compreender os demais colaboradores da escola. Apoiamo-nos em Placco, Almeida e Souza (2015), quando caracterizam o trabalho do coordenador pedagógico (CP), como a imbricação das dimensões articuladora (articulação dos processos educativos), formadora (formação dos professores) e transformadora (transformação das práticas escolares em direção a uma melhor qualidade da educação). As autoras chamam a atenção para o papel fundamental que ocupam os gestores escolares na articulação das pessoas e dos processos para se alcançar os objetivos propostos. Asseveram ainda que, "no enfrentamento do cotidiano escolar, há necessidade de parcerias e trabalho coletivo, na escola, o que não configura tarefa fácil" (PLACCO, ALMEIDA e SOUZA, 2015, p. 10).

A partir da dimensão articuladora e formadora da atuação dos coordenadores, mobilizei os demais colaboradores que compunham o todo da escola. Nessa mesma perspectiva, as autoras Placco e Souza (2012) apontam que, sem querer desviar o CP de seu papel como formador dos professores e transformador das condições de ensino, "é preciso que ele (CP) trabalhe com o coletivo, o que implica o envolvimento dos demais atores da escola" (PLACCO e SOUZA, 2012, p. 19).

Foi ficando claro que deveríamos incluir os demais colaboradores e possibilitar que eles também fossem acolhidos e pudessem partilhar suas emoções e experiências. Mobilizei os coordenadores e assistentes para que se dividissem em duplas, e criamos um grande movimento na escola para os encontros formativos, aproveitando os dias que antecediam a retomada das atividades presenciais.

Porteiros, seguranças, faxineiras, bedéis, secretárias, pessoal administrativo, todos eles foram envolvidos nesse mesmo movimento. No mês anterior à volta às aulas, cada grupo se reuniu duas vezes com cada equipe, oferecendo tempo para que pudessem também apreciar as obras de arte e assim compartilhar seus pensamentos. Nos primeiros encontros, aqueles que não estavam acostumados a falar de si e a ouvir sobre os sentimentos dos outros sentiram certo estranhamento e ficaram mais tímidos. Na segunda rodada de encontros, as pessoas já estavam mais familiarizadas umas com as outras e com a proposta em si, e muitos mais sentidos foram compartilhados. A cada encontro, a dupla formadora (coordenadores assistentes de segmentos diferentes) produzia a síntese do que havia sido partilhado. Lindos textos foram produzidos com a profundidade dos sentimentos revelados.

No retorno ao encontro dos gestores, percebemos que, na oportunidade de extrapolar o nosso horizonte de relacionamentos, havíamos fortalecido o coletivo escolar e gestado relações de mais confiança entre equipes diferentes. Os coordenadores também relataram que puderam conhecer a realidade de vida de pessoas que desempenham outras funções na escola e com as quais nunca haviam se relacionado.

Esse mesmo potencial formativo foi levado às famílias e aos estudantes que compõem a escola. Encontros virtuais com os pais, também refletindo a partir de obras de arte, possibilitou momentos para falarem de suas emoções e buscarem suporte e entendimento sobre as experiências vividas, considerando o momento em que cada um estava para esta retomada.

Observamos que, durante todo o período de ensino remoto, as famílias foram muito solicitadas para o acompanhamento dos estudos dos filhos. Para algumas, essa tarefa foi acompanhada de grandes desafios e frustrações. Seja por falta de recursos, de tempo, de conhecimento ou por outras dificuldades de ordem pessoal, econômica ou social, o desgaste emocional a que foram submetidas também reconfigurou a relação família e escola, desafiando a parceria necessária a essas duas instituições para a formação de crianças e adolescentes. Para a retomada das aulas, a proximidade e o acolhimento às famílias foram recursos importantes para reconstruirmos essa relação que também havia ficado distanciada.

No fortalecimento dos atores escolares, no estreitamento de relações com as famílias, na apropriação de estratégias de acolhimento, a escola foi sendo fortalecida para dar respostas educacionais potentes à pandemia da COVID-19. Henri Wallon salienta que é na relação Eu-Outro que nos humanizamos e experimentamos a nossa existência. A partir desse conceito, Almeida (2011, p. 43) releva sua preocupação com o cuidar de si e do outro na escola:

> [...] as ações de cuidar na relação pedagógica envolvem sempre o comprometimento, a disponibilidade para conhecer as necessidades do outro naquele momento, naquele contexto determinado. Uma ação reveladora do cuidar para com esse outro das relações interpessoais.

Entendemos que a função social da escola é cuidar das aprendizagens dos estudantes. Todavia, não há como desejarmos que os alunos aprendam se não os considerarmos integralmente e nas suas condições concretas de existência. Ao considerarmos as emoções como importante lastro para as aprendizagens, como falar de aprendizagem se estivermos impregnados por emoções como medo, tristeza, angústia ou qualquer outro afeto que diminua nossa capacidade de pensar ou agir? A escola pode ser esse espaço de se poder falar e ouvir e viabilizar a ressignificação do vivido para crianças, jovens e adultos.

Rodas de conversa, escuta mais individualizada realizada por professores tutores (RABELO, 2013), assembleias de classe promovendo a reflexão coletiva, incentivo à expressão artística e corporal, com jogos e danças, são algumas das estratégias que utilizamos em nossa escola para dar luz e entendimento às emoções pelas quais passaram nossos alunos durante o ensino remoto. Com a oportunidade de falarmos sobre o que vivemos, esperamos e sentimos, foi possível reviver as emoções, à medida que ampliamos as possibilidades de dar novos sentidos às experiências, a partir de então compartilhadas e ressignificadas.

Vivemos uma realidade que, de desafiadora, se tornou oportunidade de fortalecimento de uma "cultura organizacional" (LIBÂNEO, 2015, p. 92) que influenciou os modos de agir da escola como um todo e do comportamento das pessoas, em particular. Experienciada na intensidade das recentes relações, na demonstração de relações de confiança, na forma como lidamos com as emoções individuais e grupais, materializadas nos espaços de escuta ativa, no acolhimento às histórias pessoais e no estabelecimento de compromissos coletivos, a escola tomou nova forma. No reconhecimento da potência do trabalho colaborativo, os gestores mobilizaram toda a escola e possibilitaram que os sujeitos buscassem, individual e coletivamente, formas de superar as dificuldades que a pandemia impunha.

Aprendemos juntos e nos responsabilizamos uns pelos outros. Mais do que isso, aprendemos que, diante desse coletivo, não estamos sós e que juntos somos mais fortes, pois construímos a consciência coletiva de um "nós todos".

Considerações finais

Com a pandemia do COVID-19, as escolas enfrentaram desafios de muitas ordens. Alguns aparentes, outros tantos ainda a serem desvelados e outros tantos a vir.

A experiência que aqui foi relatada pretendeu localizar o papel dos gestores escolares (diretor e coordenadores pedagógicos) como articuladores do coletivo na escola. O trabalho colaborativo revelou a potência de ação dos sujeitos e foi a possibilidade de intervenção numa realidade originalmente desafiadora.

A articulação dos gestores foi peça-chave para que, no encontro, ou na relação Eu-Outro, como aponta a psicogenética walloniana, favorecêssemos que os sujeitos tomassem consciência de si mesmos. Afinal, quando tenho consciência de mim é que reconheço que posso ser capaz. Sem esse discernimento, continuo mergulhada em meus enfrentamentos e impotente para agir.

Espinosa também nos ajuda a compreender que, quanto maior a minha consciência e entendimento das minhas afecções, ou o poder de refreá-las, maior será a minha potência de ação, liberdade, ou "sossego da alma" (ESPINOSA, 1677/2005). Para o filósofo, "o corpo é afetado por maneiras de ser que acrescem ou facilitam sua potência de agir" (ESPINOSA, 1677/2005, p. 210).

A experiência aqui relatada pretendeu mostrar como espaços dialógicos gestados nas formações em serviço podem ser potentes para a construção de novas consciências coletivas e transformação da realidade, principalmente em momentos de crises e desafios. Percebemos que éramos mais potentes quando atuamos em grupo e o nosso coletivo conseguiu produzir uma força de mobilização passível de refrear os sentimentos paralisantes que nos envolviam em meio ao caos da pandemia. Para isso, o compromisso dos coordenadores da escola foi fundamental, mobilizados também pela minha ação como diretora pedagógica, incentivando, apoiando, acolhendo, durante todo o processo, promovendo novas reflexões e viabilizando tempo e espaço para os encontros. Mesmo que assuma parceria com os coordenadores para a condução dos processos pedagógicos, destaco o papel do diretor como principal articulador do projeto pedagógico e aquele que deve "aglutinar as aspirações, os desejos, as expectativas da comunidade escolar e articular a adesão e participação de todos os segmentos da escola na gestão de um projeto comum" (LIBÂNEO, 2015, p. 97).

Saliento que foi de grande valor fundamentar teoricamente a experiência de intervenção na realidade que também se apresentava desafiadora para mim e para os gestores da minha escola. As teorias de desenvolvimento, como a psicogenética walloniana, são campo fértil para compreendermos as dimensões nas quais estamos imersos e estabelecermos reflexões críticas sobre as práticas. Concordo com Almeida (2016), quando defende que a teoria "oferece subsídios para questionar e enriquecer a prática e para escolher com mais autonomia e segurança alternativas de ação que se apresentarem" (ALMEIDA, 2016, p. 38).

Ainda não se pode medir as consequências e os enfrentamentos que se colocarão diante de gestores e escolas para a produção de um novo contexto de aprendizagem durante e após uma pandemia como a que vivemos nestes dois anos. Razão essa para priorizarmos a formação dos gestores para a tomada de decisões no contexto de suas realidades.

Proponho que continuemos o debate sobre a importância do trabalho colaborativo para a retomada das aulas presenciais, após a pandemia da COVID-19 e o papel do coletivo (os outros de nossa existência) na tomada de consciência de si e do grupo, como potência para a ação.

Fica meu desejo de que possamos nos amparar nas sábias palavras de Espinosa, na epígrafe deste texto, e consolar os incansáveis educadores que, pelo desafio que se agigantou diante de nossos olhos, possam transformar em belo o que ora se apresenta como difícil e em possível o que nos parece raro.

Referências

ALMEIDA, L. R. de. O coordenador pedagógico e a questão do cuidar. In: ALMEIDA L. R. de; PLACCO, V. M. N. de S. (orgs.). *O coordenador pedagógico e questões da contemporaneidade*. São Paulo: Loyola, 2011.

ALMEIDA, L. R. de. Relações interpessoais potencializadores do trabalho colaborativo na formação de professores. In: ALMEIDA, L. R. de; PLACCO, V. M. N. de S. (orgs.). *O coordenador pedagógico e o trabalho colaborativo na escola*. São Paulo: Loyola, 2016.

BARROCO, S. M. S; SUPERTI, T. Vygotsky e o estudo da psicologia da arte: contribuições para o desenvolvimento humano. *Psicologia & Sociedade*, 26(1) pp. 22-23, 2014. Disponível em: <https://www.scielo.br/pdf/psoc/v26n1/04.pd>. Acesso em: 23 maio 2021.

DELORS, J. *Educação, um Tesouro a descobrir: relatório para a UNESCO da Comissão Internacional sobre Educação para o Século XXI*. UNESCO, 2010. Disponível em: <https://unesdoc.unesco.org/ark:/48223/pf0000109590_por>. Acesso em: 04 out. 2020.

DUGNANI, L. A. C.; SOUZA, V. L. T. Movimentos Constitutivos da coletividade na escola: uma análise da perspectiva da psicologia histórico-cultural. In: ALMEIDA, L. R. de; PLACCO, V. M. N. de S. (orgs.). *O coordenador pedagógico e o trabalho colaborativo na escola*. São Paulo: Loyola, 2016.

ESPINOSA, B. *Ética: demonstrada à maneira dos geômetras*. São Paulo: Martin Claret, 1677/2005.

GULASSA, M. L. C. R. A Constituição da pessoa: processos grupais. In: MAHONEY, A. A.; ALMEIDA, L. R. de. *A constituição da pessoa na proposta de Henri Wallon*. Loyola: São Paulo, 2004.

LIBÂNEO, J. C. *Organização e gestão da escola: teoria e prática*. São Paulo: Heccus, 2015.

PASSOS, L. F.; ANDRÉ, M. E. D. A. O trabalho colaborativo: um estudo de campo. In: ALMEIDA, L. R. de; PLACCO, V. M. N. de S. (orgs.). *O coordenador pedagógico e o trabalho colaborativo na escola*. Loyola: São Paulo, 2016.

PLACCO, V. M. N. de S.; ALMEIDA, L. R. de (orgs.) *O coordenador pedagógico no espaço escolar: articulador formador e transformador*. Loyola: São Paulo, 2015.

PLACCO, V. M. N. de S.; ALMEIDA, L. R. de; SOUZA, V. L. T. de S. Retrato do coordenador pedagógico brasileiro: nuanças das funções articuladoras e transformadoras. In: PLACCO, V. M. N. de S.; ALMEIDA, L. R. de (orgs.) *O coordenador pedagógico no espaço escolar: articulador formador e transformador*. Loyola: São Paulo, 2015.

PLACCO, V. M. N. de S.; SOUZA, V. L. T. de. O trabalho do coordenador pedagógico na visão de professores e diretores: contribuições à compreensão de sua identidade profissional. In: PLACCO, V. M. N. de S.; ALMEIDA, L. R. de (orgs.). *O coordenador pedagógico: provocações e possibilidades de atuação*. Loyola: São Paulo, 2012.

RABELO, K. M. *Pontes de afetividade: um estudo sobre a atuação de professores tutores segundo a psicologia genética de Henri Wallon*. 156 f. Dissertação (Mestrado em Educação) – Pontifícia Universidade Católica de São Paulo, São Paulo, 2013.

RABELO, K. M. *Eu sou a Escola: o par dialético diretor e escola na perspectiva da teoria walloniana*. 217 f. Tese (Doutorado em Educação) – Pontifícia Universidade Católica de São Paulo, São Paulo, 2019.

SOUZA, Vera Lucia Trevisan de. et al. A síntese como registro reflexivo no trabalho do psicólogo escolar com gestores. *Psicol. educ.*, São Paulo, n. 41, pp. 83-94, dez. 2015. Disponível em: <http://pepsic.bvsalud.org/scielo.php?script=sci_arttext&pid=S1414=69752015000200006-&lng=pt&nrm-iso>. <http://dx.doi.org/10.5935/21753520.20150016>.

VYGOTSKY, L. S. *A formação social da mente*. São Paulo: Martins Fontes, 1998.

WALLON, H. *Psicologia e educação da infância*. Lisboa: Estampa, 1975.

FSC
www.fsc.org
MISTO
Papel produzido
a partir de
fontes responsáveis
FSC® C008008

Edições Loyola

editoração impressão acabamento
Rua 1822 n° 341 – Ipiranga
04216-000 São Paulo, SP
T 55 11 3385 8500/8501, 2063 4275
www.loyola.com.br